DESENVOLVIMENTO PROFISSIONAL

APRENDENDO COM AS PARÁBOLAS DE JESUS

DESENVOLVIMENTO PROFISSIONAL

ALCANCE O SUCESSO SEM VENDER A ALMA

PAULO ANGELIM

EDITORA MUNDO CRISTÃO
SÃO PAULO

DESENVOLVIMENTO PROFISSIONAL
CATEGORIA: LIDERANÇA E GESTÃO / MOTIVAÇÃO

Publicado pela Associação Religiosa Editora Mundo Cristão

Preparação de Textos: Omar de Souza

Revisão: Theófilo José Vieira

Capa: Cláudio Souto

Diagramação: Viviane Rosana Fernandes Costa

Os textos das referências bíblicas foram extraídos de *A Bíblia Viva,* 2ª edição (Sociedade Bíblica Internacional), salvo indicação específica.

A 1ª edição foi publicada em setembro de 2003, com uma tiragem de 5.000 exemplares.

Dados Internacionais de Catalogação na Publicação (CIP)
(Câmara Brasileira do Livro, SP, Brasil)

Angelim, Paulo
Desenvolvimento profissional / Paulo Angelim. – São Paulo: Mundo Cristão, 2003.

ISBN 85-7325-340-1

1. Carreira profissional – Desenvolvimento
2. Jesus Cristo – Parábolas
3. Sucesso profissional I. Título.

03–3218 CDD–650.14

Índice para catálogo sistemático:

1. Parábolas de Jesus: Aplicação à carreira profissional: Administração 650.14
2. Carreira profissional: Aplicação da parábolas de Jesus: Administração 650.14

Associação Religiosa Editora Mundo Cristão
Rua Antonio Carlos Tacconi, 79 – CEP 04810-020 – São Paulo-SP – Brasil
Telefone: (11) 5668-1700 – Home page: www.mundocristao.com.br

Editora associada a:
- Associação Brasileira de Direitos Reprográficos
- Associação Brasileira de Editores Cristãos
- Câmara Brasileira do Livro
- Evangelical Christian Publishers Association

Printed in Brazil
10 9 8 7 6 5 4 3 2 1 03 04 05 06 07 08 09 10

Agradecimentos

A Deus, meu Pai celeste, Salvador e sublime inspirador;

A meus pais, os grandes responsáveis pela construção e desenvolvimento de meus valores e princípios;

A minha esposa e filhos, que me ajudaram a descobrir que, através do amor, a vida pode ser bela;

A todos que, com suas palavras e ações, me deram a oportunidade de questionar a mim mesmo, o mundo e a vida.

Sobre o Autor

Paulo Angelim é pós-graduado em Gestão de Marketing (UECE). É Consultor e palestrante em Marketing, Vendas, Mercado Imobiliário e Crescimento Pessoal (Motivação), é autor do livro *Por que eu não pensei nisso antes?* Ele é colunista da revista VOCÊ S/A e do jornal OPOVO; é apresentador do quadro "Venda Melhor", sobre *marketing*, vendas e motivação, na TV DIÁRIO, além de assinar os boletins Caleidoscópio e Renovar, que circulam semanalmente na Internet para mais de 9.000 profissionais; possui vários artigos publicados nas revistas Venda Mais, EXAME e VOCÊ S/A, e nos jornais Gazeta Mercantil, Diário do Nordeste e OPOVO, bem como entrevistas para o Jornal do Commércio-RJ, além de artigos em vários outros periódicos impressos e eletrônicos; é colaborador mensal da revista Pequenas Empresas Grandes Negócios e professor convidado de várias Universidades.

Sumário

Introdução

É desnecessário tecer comentários sobre a importância e o significado de Jesus para a humanidade. Deus, Salvador, Senhor e Mestre são apenas algumas das muitas qualificações que costumam ser usadas para se referir a ele.

Mas a proposta deste livro não é apresentar a você o Jesus histórico ou o Deus Filho, razão maior do cristianismo. Nas próximas páginas você encontrará as parábolas de Jesus servindo como pano de fundo para a construção de lições que podem e devem ser aplicadas à carreira de qualquer profissional que busque o crescimento e o sucesso.

Naturalmente, não estou querendo dizer que o Mestre falou apenas para profissionais. Mas é impossível ler suas parábolas e não discernir ensinamentos de valor incalculável. Todos são de compreensão fácil e utilização objetiva. Você encontrará, no começo, no meio ou no fim de cada capítulo, a parábola bíblica de onde se destaca a lição de Jesus para a sua vida profissional.

Esta é uma oportunidade de você considerar vários contrapontos aos valores vigentes do mundo moderno, que primam pela competição exacerbada, pela luta de poderes, pelo individualismo, e que, infelizmente, servem como referência para a construção de carreiras profissionais que hoje lideram várias empresas e parte considerável da sociedade.

Será que ainda existe, no mundo corporativo moderno, espaço para o amor, para o perdão, para o crescimento sem ambição desmedida, para o compromisso maior de fazer a diferença na vida dos que nos cercam? E se algum profissional escolher estas posturas e atitudes para desenvolver sua carreira? Que conseqüências esta decisão acarretará? Você está enterrando seus talentos ou sabe aproveitar adequadamente os convites que a vida faz? Qual o critério para julgar quem é um bom profissional? E o que fazer com o medo: rejeitá-lo, negá-lo ou agradecer por ele existir?

Convido você agora para inspirar-se nas lições de Jesus encontradas em parábolas proferidas há cerca de dois mil anos, e que estão interpretadas ao longo dos capítulos deste livro. Estas reflexões podem responder a muitas das grandes questões profissionais que hoje nos cercam. Meu desejo sincero é que este livro acenda uma chama que impulsione você ao crescimento contínuo e eficiente de sua carreira profissional.

Boa leitura, bênçãos e... sucesso!

"Aja como se o que você faz fizesse alguma diferença. No fim, fará!"

William James

1

Sal e Luz

Ah, não, outra comparação!

Coitados dos grandes profissionais, ou profissionais do século XXI, ou do novo milênio. São comparados a tudo: minerais, oceanos, fauna, flora... Se juntássemos uma lista com todas as analogias que já foram feitas quanto às atitudes dos melhores profissionais, chagaríamos a uma lista imensa. Diante disto, só me resta uma coisa: ser, pelo menos, original ou pouco trivial em minhas reflexões sobre qual seja o perfil desejável dos profissionais. Eis o que proponho: o grande profissional tem de ser como o sal e como a luz. E antes que você pergunte, vamos direto às explicações.

Sendo sal

a) É acessível e de baixo custo, mas possui alto valor.

A pergunta é simples: podemos viver sem o sal? Sim, até podemos. Mas certamente sentiríamos tremendamente a sua ausência.

O grande profissional também é assim. Ele não se sente nem é, de fato, indispensável, mas sabe o valor que tem. Diferentemente dos arrogantes, não faz pose de difícil. Com humildade, permite o fácil acesso de todos, e alcançá-lo não é nenhum sacrifício para os outros – mesmo tendo um valor inestimável, como veremos a seguir.

b) Tem a capacidade de preservar.

Assim como o sal, que é utilizado para preservar os alimentos, não permitindo que se deteriorem ou estraguem, o grande profissional também funciona como um elemento que preserva a saúde dos ambientes e das relações. O grande profissional, de forma geral, agrega na construção de um clima organizacional cooperativo e harmônico. Além disso, com suas posturas, articulações, idéias e ações, ele preserva a integridade desse ambiente e das pessoas que nele trabalham, não permitindo que a inveja, a desunião, a ganância ou a cobiça o deteriorem.

c) Dá sabor.

Você já deve ter usado a seguinte expressão quando se referiu a alguém: "Esta pessoa é muito insossa." Ou seja, sem sal. É lógico que se trata de uma força de expressão, mas traduz a idéia que temos de alguém que não faz diferença. Como o sal, que dá sabor aos alimentos, o grande profissional também dá um sabor especial ao ambiente em que trabalha. Ele traz e simboliza vida. Assim como existem certas pessoas que *carregam* negativamente um ambiente, por causa de seu humor ou temperamento, o grande profissional proporciona aquela mesma sensação que temos quando estamos diante de uma comida bem temperada: prazer, alegria. É bom ficar ao lado e conviver com essas pessoas, que agem como o sal. Mas, assim como sal em excesso pode tornar um alimento difícil de ser ingerido, o grande profissional sabe que não pode se exceder em sua presença no grupo. Sabe que, agindo além do necessário, pode tornar-se inconveniente, inoportuno. Por isso, dosa e tempera bem sua participação na vida das pessoas e do grupo.

Sendo luz

É uma pena ver tantos profissionais reclamarem que não são notados nem reconhecidos em suas atividades. Dizem que os holofotes não são focados neles, e por isso passam despercebidos em suas vidas profissionais dentro das empresas. Ora, a grande maioria das empresas que conheço em minhas consultorias está exatamente buscando uma luz que possa guiá-las na noite de incertezas que tem caracterizado o mercado e seus movimentos. Estão em busca de alguma coisa capaz de esclarecer as inúmeras dúvidas operacionais e estratégicas que confrontam diariamente.

Imagine-se perdido em um campo, à noite, sem noção da direção correta. De repente, em meio a toda essa escuridão, você consegue enxergar uma luz. Qual seria sua atitude imediata? Caminhar na direção dela, certo? Ora, é exatamente isto que acontece com os profissionais que brilham, que têm luz. Com sua presença, seu conhecimento e seu pensamento crítico, eles trazem discernimento e compreensão às grandes questões das empresas. É por isso que fazem a diferença e são tomados como referências de balizamento, exatamente como os faróis marítimos. Na hora da escuridão, é natural que todos acorram para essas pessoas, que brilham com a luz do conhecimento, da razão e da sabedoria.

Sendo assim, pare de reclamar que não é notado em sua empresa ou em seu grupo. Você deveria estar, em primeiro lugar, perguntando-se se tem feito a diferença para essas pessoas, sendo sal e luz na vida delas. Vale lembrar a observação que Jesus nos legou no Sermão do Monte, e que foi registrada pelo evangelista Mateus, no quinto capítulo de seu Evangelho:

> "Vocês são o sal da terra que a torna suportável. Se perderem seu sabor, que acontecerá ao mundo? Vocês mesmos serão jogados fora e tratados como coisa sem valor. Vocês são a luz do mundo – uma cidade sobre um monte, brilhando durante a noite para ser vista por todos. Não escondam a luz de vocês! Deixem que ela brilhe para todos; e que as

> boas obras de vocês brilhem para serem vistas por todos, de tal maneira que louvem o Pai celeste."
>
> Mateus 5:13-16

Dê sabor e ilumine a vida dos que cercam você, seja no trabalho, em casa ou entre amigos.

"A qualidade de seu trabalho tem tudo a ver com a qualidade de sua vida."

Orison Swett Marden

2

Os Falsos Profetas

Profissional bom se conhece pelo fruto?

Como você avaliaria um bom profissional? Como o mercado faz ou deveria fazer a distinção entre quem é bom e quem é ruim em determinado setor? Leia a parábola abaixo e descubra o que Cristo nos ensina a este respeito.

"Cuidado com os falsos mestres que vêm disfarçados em ovelhas inofensivas, mas são lobos, e vão despedaçar vocês. Vocês podem descobri-los pela maneira como agem, tal como podem identificar uma árvore pelo seu fruto. Vocês nunca confundirão uma videira com um espinheiro! Ou figos com cardos! As diversas qualidades de árvores frutíferas podem ser rapidamente identificadas pelo exame do seu fruto. Uma árvore que dá bons frutos nunca dá um fruto que não se pode comer. E uma árvore que sempre dá

> frutos ruins nunca dá um fruto que se pode comer. Por isso, as árvores que têm um fruto que não se come são cortadas e atiradas no fogo. Sim, o meio de identificar uma árvore ou uma pessoa é pela qualidade do fruto que dá."
>
> Mateus 7:15-20

Acredite, a qualidade de seu trabalho reflete quem você é e que tipo de profissional você é. Se quisermos conhecer um profissional, basta olhar para a qualidade dos resultados que tem gerado, através do trabalho que tem feito. Para conhecer mesmo um profissional, não adianta escutar o que ele diz que vai fazer ou olhar apenas para o que fez no passado. Seu histórico não é garantia de que continuará sendo bom. Devemos olhar para o trabalho que ele realmente executa hoje – aquele trabalho que é perceptível aos olhos e também ao coração.

Assim como na parábola, existem muitos falsos profissionais que se camuflam com pele de cordeiro, mas que são como lobos vorazes. São piores do que aqueles que se manifestam como lobos desde o início. Desses, pelo menos, nos acautelamos desde o princípio. Os falsos profissionais são, geralmente, dissimuladores. Em dinâmicas de grupo ou em reuniões de diretoria, na frente de superiores, mostram-se cooperativos, parceiros, compreensivos, verdadeiros líderes. Mas quando voltam para o exercício diário de seus cargos, produzem os frutos condizentes com as árvores que são. Arrancam as peles de cordeiro para mostrar a verdadeira face de lobo.

As árvores ruins frustram, decepcionam, principalmente porque muito é investido nelas: água, cuidado, tempo, adubo. E na hora da colheita, o que as empresas colhem são frutos ruins, podres, amargos, com pouco sumo e débeis. A parábola é bem clara quanto ao fim das árvores que produzem maus frutos: o fogo. Profissionalmente falando, este fogo tem um nome: desemprego. É isso mesmo: árvore ruim é jogada na rua. São cada vez mais raras as empresas que preferem manter árvores ruins em seus campos. Nem mesmo por sentimentalismo ou parentesco. As empresas modernas, profissionais e competitivas não se permitem sustentar essa plantação de árvores ruins.

Felizmente, na vida corporativa, assim como na vida espiritual, as árvores ruins podem ser recicladas, ou geneticamente (mentalmente e espiritualmente) modificadas para se transformar em boas árvores, que dêem bons resultados, ou seja, bons frutos. Sem dúvida, isto exigirá do profissional muito esforço, dedicação, empenho, estudo e treinamento – principalmente muito treinamento. Afinal, o grande desafio da renovação de alguém está na mudança de hábito, e não na mudança de idéias. Esta é relativamente mais fácil.

Como na parábola, existem também aqueles profissionais que não são ruins, mas estão no lugar errado, na plantação errada, tentando produzir um fruto que são incapazes de gerar, até por uma questão de vocação. Muitas vezes, esses profissionais não podem ser classificados como árvores ruins, mas inadequadas. As empresas querem figos, e eles só podem gerar maçãs. É um caso de mudança de setor, de área ou mesmo de empresa. Mas não se iluda: a avaliação de quem é bom profissional nunca é feita pela promessa, mas pelo resultado, pelo fruto.

E você, que tipo de frutos você tem produzido?

"A leitura é para a mente o que o exercício é para o corpo."

Richard Steele

3

O Bom Semeador

Você é um solo fértil?

"Um lavrador estava semeando os seus campos. Enquanto espalhava a semente pelo solo, um pouco caiu ao lado do caminho, e vieram as aves e a comeram. Outro tanto caiu em solo cheio de pedras, onde a terra era pouco profunda; as plantas brotaram muito depressa no solo raso, mas o sol quente logo queimou tudo e elas murcharam e morreram, porque tinham pouca raiz. Outras sementes caíram entre espinhos, e os espinhos sufocaram as folhas novas. Mas algumas caíram em solo bom, e deram uma colheita que era 30, 60 e até mesmo 100 vezes tanto o que ele tinha plantado."

Mateus 13:3-8

Quero, através desta parábola, propor a você uma analogia com sua vida profissional. Quero que você veja o terreno como sendo sua mente, e as sementes como conhecimentos e oportunidades que são diariamente lançados sobre sua vida. Da mesma forma que na parábola, os conhecimentos e as oportunidades (sementes) somente cumprirão seus objetivos e farão alguma diferença em sua vida se forem lançados em mente fértil e saudável (boa terra). Caso contrário, não produzirão os frutos que poderiam agregar valor ao seu crescimento.

Antes de compreender os quatro tipos de mente propostos pela parábola, é fundamental entender que Deus dá a você capacidade de escolher que tipo de mente quer desenvolver. Naturalmente, se você não trabalhá-la e moldá-la, provavelmente reproduzirá o mundo que está à sua volta, será um reflexo perfeito das condições sociais que cercam sua vida. Ou seja, você estará se amoldando ao mundo, deixando que ele determine como você será.

Mas saiba que é plenamente possível mudar isso. É lógico que você terá de trabalhar neste sentido, intervir no curso natural de sua vida, criando as condições para desenvolver em você uma mente fértil, pronta para produzir muitos, grandes e bons frutos, a partir do conhecimento que é assimilado e apreendido e das oportunidades aproveitadas. Lembre-se: a vida não é um eterno aprendizado, mas um eterno ensinamento. E pouca gente tem decidido a aprender com ela.

Vamos, então, aos quatro tipos de mente:

Beira do caminho

É provável que você já tenha passado pela seguinte situação: Você está lendo um livro ou uma revista técnica, e, quando chega ao fim da leitura da página, observa que não consegue lembrar de quase nada do que acabou de ler. Aí, tem de voltar para o início daquele trecho para conseguir assimilar o que leu, mas que não ficou registrado. Isto já aconteceu com você? É quase certo que sim. Chamamos essas mentes de "viajantes". Conhecimento nenhum consegue se fixar, semente nenhuma consegue penetrar este tipo de solo porque a mente não está concentrada. Está viajando, focada em outros interesses, focada em outros assuntos. Normalmente, essas pessoas estão com seus corpos num local, mas suas mentes estão vagando em outros. Ou seja, elas próprias encarregam-se de carregar para longe de suas vidas as sementes do conhecimento e da oportunidade. Mentes *viajantes* têm dificuldade de concentrar o foco no que estão fazendo. Desta forma, acabam vagando pela vida, desperdiçando oportunidades de crescimento que poderiam ser aproveitadas através da descoberta de novos conhecimentos.

Lugares pedregosos

Mentes rasas são aquelas nas quais o conhecimento até consegue se fixar, mas lhes falta perseverança para fazer esta semente crescer, evoluir, transformando-se em ação, que, por sua vez, produzirá os frutos. São mentes empolgadas, sonhadoras, mas que, diante da primeira adversidade (o calor do sol), não encontram a necessária perseverança e a determinação para prosseguir. São mentes que só desejam, querem, mas que não estão comprometidas com os resultados a que se propõem. E, sem os nutrientes da automotivação, não conseguem alimentar as novas idéias e oportunidades que a vida encarrega-se de oferecer. Elas até se empolgam, e rapidamente aceitam a nova oportunidade ou o novo conhecimento. Mas são rasas e se dobram facilmente diante das dificuldades que naturalmente surgem em qualquer processo de evolução ou construção de um novo projeto. Mentes rasas desistem fácil, são eternas sonhadoras, mas incapazes de levar ao fim o que se propõem a fazer. Você é assim?

Entre espinhos

Você certamente conhece pessoas que até aceitam novas idéias ou abraçam oportunidades, mas, ao mesmo tempo que nutrem a semente do conhecimento, alimentam também, em torno dela, espinhos de negatividade, de dúvida, de incerteza sobre a capacidade de levar a idéia a dar frutos. Elas são tão boas nisso que, por fim, conseguem sufocar as idéias ou oportunidades que abraçaram e que chegaram a desenvolver, impendido-as de frutificar. Estas pessoas não precisam esperar que circunstâncias adversas ocorram para matar os novos conhecimentos e oportunidades – elas próprias encarregam-se de produzi-las. Dizem: "Tudo bem, vamos encarar este desafio. Acho muito difícil que consigamos, mas vamos lá!"

O pior é que, ao longo de todo o desenvolvimento da idéia, do novo projeto, elas começam a miná-lo com seus espinhos quando colocam dúvidas sobre a própria capacidade de realizá-lo, sobre a capacidade da equipe, a vontade do chefe, a validade da proposta. Aos poucos, a mente negativa vai construindo muito mais razões para não fazer do que para continuar. E como não costumamos gostar de nos contrariar, essas mentes tendem a obedecer às suas próprias convicções, mesmo que sejam negativas. Assim, elas param e se contentam com afirmações paranóicas de perseguição. "Parei antes que desse tudo errado", dizem. Como poderiam saber se daria errado, já que não foram até o fim? Quem garante que não foram elas mesmas que minaram todo o projeto? Sua mente é negativa?

Boa terra

Mente fértil. Ah, se todos conseguissem cultivar mentes férteis! Sim, eu falei "cultivar". Ninguém nasce assim. Entenda que as pessoas aprendem a ser positivas. Elas carregam suas mentes (terras) de experiências positivas, de atitudes positivas, de visões positivas. E esta capacidade é, basicamente, fruto de três coisas: as pessoas com quem elas convivem; os programas aos quais assistem; e as leituras que fazem (romances, reflexões, a Bíblia etc). É por isso que, normalmente, por trás de uma grande pessoa de mente positiva existe uma mãe esplêndida, vibrante, motivadora. Na verdade, essas pessoas aprenderam desde a tenra idade a ser assim.

Outras conseguem chegar a este ponto ao longo da jornada da vida. Muitas, inclusive, desaprenderam o modelo mental que assimilaram na infância (pais incapazes de motivar, ou mesmo problemáticos) e o substituíram por um melhor, mais fértil e produtivo. Você já deve ter visto um agricultor adubar e sulcar a terra, preparando-a para o plantio. Este processo é semelhante ao de nossas vidas: temos de preparar diariamente nossas mentes para as várias sementes de conhecimento e as oportunidades que a vida lança sobre cada um de nós todos os dias. Saiba que a chuva cai e o sol brilha sobre bons e maus. É o que iremos fazer com o que eles nos dão que pode fazer-nos diferentes, melhores.

Reflita e conclua com que tipo de solo você identifica sua postura profissional. Saiba que os frutos dependem do tipo de semente, mas também, e principalmente, do tipo de solo em que ela é lançada. Árvores fracas, com frutos ruins, são normalmente conseqüência de solo pobre. Espero que a leitura deste texto tenha influenciado positivamente sua mente. Continue assim, e produza bons frutos em sua vida.

"Encontramos conforto junto às pessoas que concordam conosco, e crescimento junto às que discordam."

Frank A. Clark

4

O Joio e o Trigo

Você ajunta ou espalha?

Como identificar os colaboradores com os quais a empresa poderá realmente contar? Quais deles estão com a liderança e quais estão contra? Como ter certeza de que o líder está sendo justo ao eliminar do time um de seus integrantes?

Tenho certeza de que estes dilemas passaram muitas vezes pela cabeça da grande maioria dos líderes. E mesmo que você não esteja na função de liderança, não significa dizer que não seja uma pessoa com esta vocação. Portanto, vale a pena compreender o conteúdo do texto que segue. Até porque você, como liderado ou seguidor, tem a responsabilidade de dar uma contribuição ao seu chefe, transmitindo-lhe idéias que o ajudem no exercício da boa liderança. Os gurus chamam este movimento "leading-up", ou "liderança de baixo para cima".

Pois bem, na parábola do joio e do trigo, Jesus nos mostra claramente que todo cuidado é pouco na hora de fazer cortes em sua equipe. Ignorar esta precaução pode revelar imprudência e resultar em injustiça. Leia a parábola a seguir:

> Um homem... semeou boa semente no seu campo; mas, enquanto os homens dormiam, veio o inimigo dele, semeou o joio no meio do trigo e retirou-se. E, quando a erva cresceu e produziu fruto, apareceu também o joio. Então, vindo os servos do dono da casa, lhe disseram: Senhor, não semeaste boa semente no teu campo? Donde vem, pois, o joio? Ele, porém, lhes respondeu: Um inimigo fez isso. Mas os servos lhe perguntaram: Queres que vamos e arranquemos o joio? Não! Replicou ele, para que, ao separar o joio, não arranqueis também com ele o trigo.
>
> Deixai-os crescer juntos até à colheita, e, no tempo da colheita, direi aos ceifeiros: ajuntai primeiro o joio, atai-o em feixes para ser queimado; mas o trigo, recolhei-o no meu celeiro.
>
> Mateus 13:24-30, ARA

Imagine que você, como líder, reúne um grupo de colaboradores para desenvolver e executar um projeto que pode significar grandes conquistas para sua empresa, sejam elas relacionadas a aumento nas vendas, redução nos desperdícios ou incremento na produtividade. Com o passar do tempo, alguns de seus liderados mais próximos expressam a preocupação de que algumas pessoas no grupo parecem estar trabalhando contra o projeto. Você pergunta como eles chegaram a esta conclusão. Eles dizem que é porque alguns deles questionam demais, e outros insistem em apresentar caminhos diferentes dos da maioria. Você se vê diante de uma grande dúvida. Será que realmente está diante de colaboradores ou de pessoas que vão impor obstáculos ao processo? Quem são eles? Como identificá-los?

A semelhança entre a parábola e a situação apresentada – diga-se de passagem, bastante corriqueira nas empresas – está no fato de que, assim como no caso dos colaboradores, é extremamente difícil identificar o que é joio e o que é trigo antes de ambos estarem prontos para ser colhidos. Enquanto crescem, as duas plantas são muito parecidas. O risco de tentar tirar o joio do campo de trigo é evidente: por engano, você pode acabar eliminando o trigo.

Levando para a realidade empresarial, é impossível, de imediato, identificar se os questionamentos levantados por alguns colaboradores mais participativos têm origem num desejo sincero de colaborar ou de atrapalhar o processo. Sabe aqueles que são sempre do contra? Pois é, eles existem. O problema é que aqueles que estão contra porque vêem um problema real e estão, sinceramente, tentando evitá-los acabam sendo confundidos com colaboradores subversivos, pessoas que não querem deixar a coisa fluir. Esta situação fica mais complicada ainda nas organizações que têm por cultura a subserviência ao pensamento superior – a cultura do medo à controvérsia.

Agir precipitadamente pode ser fatal para o sucesso de seu projeto. A recomendação de Cristo aos seus discípulos é perfeitamente aplicável à vida corporativa. Tenha calma, aguarde os frutos que cada um de seus colaboradores irá dar. Lembre-se de que conhecemos os profissionais por suas ações, suas realizações, seu comportamento, seus resultados, não por suas aparências. Quando chega a hora da colheita, fica fácil identificar o que é joio e o que é trigo. Da mesma forma, olhando os resultados individuais (tarefas designadas), você conseguirá identificar, entre aqueles que parecem ser todos joio, quem é só retórica e quem realmente pode fazer a diferença.

A maior surpresa será quando você constatar que aqueles que pareciam trigo, com seu jeito solidário, cintilante e reluzente de ser, no fim das contas, na hora da verdade, não passam da mais fina estirpe de joio. E, como diz a parábola, o joio vai ao fogo, enquanto o trigo vai ao celeiro, ou seja, os prêmios, os bônus, as promoções. Parece uma palavra muito dura, certo? Pois me deixe lembrar a você de outro ensinamento do Mestre: "Todo aquele que não está me ajudando, está me atrapalhando" (Mateus 12:30).

Por fim, uma dica para você não ter de esperar muito até fazer um julgamento sobre quem é joio e quem é trigo: estabeleça metas intermediárias, pequenos desafios dentro do grande projeto. Assim, você terá intervalos de tempo mais curtos para avaliar os frutos de seus colaboradores. É importante também ter cuidado e discernimento para estabelecer os critérios do que significa alguém que ajuda e alguém que atrapalha. Concordar com você em tudo não significa, necessariamente, que alguém esteja ajuntando com você. Da mesma forma, se alguém discorda em algumas coisas, não quer dizer que esteja atrapalhando. Dê um crédito e espere que essas pessoas frutifiquem. Nessa hora certa, faça seu julgamento. Boa colheita.

"As pessoas vieram ao mundo para serem amadas. As coisas foram feitas para serem usadas. O problema da humanidade está no fato de usarem as pessoas e amarem as coisas."

Anônimo

5

A Ovelha Perdida

Objetos versus *coisas: o que vale mais?*

Você já parou para pensar que pode estar lamentando mais a perda de algum objeto de estimação do que a perda de relacionamentos? Será que você tem se empenhado o suficiente para reconstruir relacionamentos rompidos – mais do que se dedicaria na busca de algum objeto perdido? Veja a parábola abaixo, que servirá como tema de nossa próxima reflexão.

> "Se um homem tiver cem ovelhas, e uma se desviar e se perder, que fará ele? Não deixará as outras noventa e nove, e sairá pelos montes em busca da perdida? E se encontrar, ele se alegra por causa dela mais do que pelas outras noventa e nove guardadas em casa!"
>
> Mateus 18:12,13

Você já perdeu algo importante, que tinha significado muito especial? Quanto tempo dedicou à sua busca? O que você sentia enquanto estava distante daquele objeto estimado: angústia, sofrimento? É possível que sim. Olhando para o que você possui hoje, que objetos valem realmente o esforço de procurá-los, caso se percam? Seria seu carro, uma agenda, um colar, uma caneta, uma moeda, a chupeta de seu filho, seus álbuns de família, a medalha do campeonato? Por quais objetos você choraria, se fossem perdidos? E quais objetos, se perdidos, não lhe causariam maiores preocupações? Quantos deles não valeriam o esforço de reavê-los?

Bem, é interessante vermos que, para responder a esta pergunta, o critério mais relevante não é o valor monetário do objeto. É provável que você somente sinta profundamente a perda daqueles objetos que foram parte de uma experiência marcante de sua vida, que tenham um significado emocional. Ou então, aqueles objetos que são extremamente úteis, e cuja falta causaria grandes transtornos. Às vezes, tenho calafrios só de pensar na possibilidade de perder meu *laptop*. Não pelo valor venal do objeto, mas pelo valor das informações acumuladas nele ao longo dos últimos dois anos (antes que me chamem de irresponsável, aviso: tenho um *backup* semanal de tudo, mas, mesmo assim, fico receoso – vai que o *backup* não funciona! Deus me livre!)

Pois bem, estabeleça agora uma comparação entre sua atitude diante da perda de algum objeto especial e o que ocorreria no caso da perda do relacionamento com algumas pessoas especiais. Com quais delas você se empenharia diligentemente em reconquistar o contato perdido ou destruído? Olhando agora para sua empresa, seu local de trabalho ou sua família, quais pessoas que cercam você e com as quais convive seriam motivo de uma busca esforçada, caso as perdesse? Do que você seria capaz para reconquistá-las?

Depois de responder a esta última pergunta, pergunte-se o que você tem feito para não perdê-las. Você tem alimentado e nutrido o relacionamento ou somente sentirá quanto foi negligente quando perdê-lo? Será que tem sido assim com seus subordinados, com seus chefes, com seus colegas? Uma boa forma de você avaliar quanto zela pelo relacionamento com uma pessoa é se perguntar o que faria, caso a perdesse. Você deixaria as outras 99 e sairia em busca dessa pessoa, ou simplesmente tomaria isso como mais uma fatalidade da vida?

E com seus entes queridos? Há quanto tempo você não fala com sua mulher, com seus filhos, não encontra esta pessoas, não jantam fora, não curtem um cinema juntos, não trocam uma boa prosa sentados na sala, com a televisão desligada? Pense se você já os perdeu, e se está na hora de resgatá-los. É óbvio que é impossível cultivar relacionamentos com todas as pessoas com as quais se convive. Note que existe uma diferença entre estes dois níveis de envolvimento: relacionamento e convivência. O perigo está em você relaxar na construção de um relacionamento sólido exatamente com as pessoas cuja perda você temeria e sentiria profundamente.

Infelizmente, existem pessoas que fazem isso com facilidade. O pior é que, apesar do grande esforço, nem sempre conseguem reencontrar o que perderam, caindo, então, em profunda tristeza e desconsolo. Veja que Cristo deixa isto claro quando diz "se encontrar". Portanto, cuidado com os relacionamentos de hoje. Apesar de sentirmos um grande prazer quando da reconquista de um relacionamento perdido, existe o grande risco de não mais reavê-los. Você já pensou nesta possibilidade?

Assim como você cuida dos seus objetos de estima e zela por eles, com receio de perdê-los irreparavelmente, faça o mesmo com as pessoas que você realmente preza. Em tempos de internet, mesmo a distância física pode ser superada, mantendo próximos os corações e as mentes. Não corra o risco de perder essas pessoas em definitivo por causa de sua negligência. E, se perdê-las, não hesite em buscá-las. Isto demandará tempo, dedicação, humildade. Mas, se achá-las, sentirá um prazer recompensador. Pense nisto e cultive seus relacionamentos. Lembre-se de que alguns objetos só têm, para nós, o valor que lhes damos, por causa das pessoas e dos momentos vividos com elas, e que eles nos fazem recordar. Pessoas sempre serão mais importantes que coisas.

"É muito fácil perdoar os erros dos outros; precisa-se de mais coragem para perdoá-los por terem testemunhado os nossos próprios erros."

Jessamyn West

6

O Credor Incompassivo

Líder que não perdoa não é perdoado.

Por que é tão difícil perdoar? E quanto a pedir perdão? Também tem sido difícil? Você acredita que os grandes profissionais precisam desenvolver essa capacidade? Pode alguém ser um grande líder se não consegue pedir perdão nem perdoar? Veja a história abaixo. Depois, convido você a mergulhar em si para descobrir, no seu íntimo, como tem trabalhado estas duas virtudes. Desde já, perdoe-me se eu tocar algumas de suas feridas, mas é absolutamente necessário para que compreendamos o sentido do perdão. Leia abaixo a parábola encontrada em Mateus 18:23-35.

> "Um rei (...) decidiu pôr em ordem suas contas com os criados. E quando estava fazendo isso, foi-lhe trazido um dos seus devedores que lhe devia 10.000 talentos! Ele não podia pagar; então, o rei ordenou que fosse vendido para

> pagar a dívida, bem como sua esposa e seus filhos, e tudo o que ele tinha. Mas o homem prostrou-se diante do rei, com o rosto em terra, e disse: 'Oh, senhor, tenha paciência comigo, e eu pagarei tudo.' Então o rei ficou cheio de pena dele, o soltou, e perdoou sua dívida. Mas quando o homem saiu da presença do rei, foi a um homem que lhe devia 100 denários, o agarrou pela garganta, e exigia que lhe pagasse na hora. O homem prostrou-se diante dele e suplicava que ele lhe desse um pouquinho mais de tempo. 'Tenha paciência, que eu pagarei', implorava ele. Mas o seu credor não queria esperar. Mandou prender e encarcerar o homem, até que a dívida estivesse totalmente paga. Então os amigos do homem foram ao rei e contaram o que tinha acontecido. O rei chamou à sua presença o homem que ele havia perdoado, e disse: 'Seu malvado miserável! Eu lhe perdoei aquela dívida enorme, só porque você me pediu – você não devia ter pena dos outros, do mesmo modo como eu tive de você? Então o rei, irado, mandou o homem ser duramente castigado, até pagar o último centavo que devia. Assim meu Pai celeste fará, se vocês se recusarem a perdoar verdadeiramente os seus irmãos."

Fato incontestável: não existe necessidade de perdão se não existir uma dívida. Esta dívida pode ter sido voluntária (proposital) ou não, mas o fato é que ela precisa existir para que o exercício do perdão seja necessário. Não me refiro a dívidas materiais somente, mas, principalmente, às dívidas morais. Refiro-me às acusações (infames ou não), às decepções geradas por condutas inconvenientes, às palavras mal empregadas, às agressões verbais ou até mesmo físicas, à prática de *passar a perna*, ao tomar o lugar ou o crédito do outro pelo bom trabalho realizado ou pela idéia genial lançada e aprovada pela diretoria. Enfim, com certeza você já deve ter passado por alguma situação na qual ficou em débito com alguém, ou alguém ficou em débito com você. Pode ter sido no trabalho, no relacionamento amoroso, em casa ou entre amigos. Você consegue lembrar agora de alguma situação em que o perdão foi necessário? Você perdoou ou pediu perdão?

Bem, antes de entender como funciona o mecanismo do perdão, vamos analisar a etimologia do termo. A palavra "perdoar" é derivada do latim *per* mais *donare*. *Per* significa "com intensidade", dando a idéia de aumento, totalidade ou profundidade (como em "perdurar", "perseguir", "perfazer" ou "perpassar"). *Donare* é o mesmo que "doar". Portanto, perdoar poderia ser traduzido não só como absolver, desculpar, mas também como "doar intensa e totalmente".

Ora, doar significa dar sem querer ou esperar algo em troca, ou seja, dar gratuitamente – em nosso caso, abrir mão, gratuitamente, do motivo da dívida. Juntando tudo, perdoar pode também ser compreendido como "dar liberal e totalmente" o objeto da dívida a quem deve. Não em parte, nem pela metade, mas profunda e totalmente. Isto significa dizer que não existe meio perdão ou perdão que guarda mágoas. Porque, se perdôo, ou seja, abro mão da dívida de forma total, não me resta nada, não me sobra nada para exigir depois, ou usar como justificativa para acusar a outra parte.

Quando perdoamos alguém, rasgamos totalmente a dívida que aquela pessoa tinha conosco. Não sobra nada. Não há espaço para afirmações como: "Eu já o perdoei, mas não quero mais falar com ele!"; ou: "Eu já lhe pedi perdão, mas ainda acho que você estava errada!" Ora, isso não é dar total e incondicionalmente. As seqüelas continuaram. Quer um exemplo verdadeiro de perdão? Na carta de Paulo aos colossenses, no capítulo 2, versículos 13 e 14, encontramos uma descrição fiel do perdão de Deus: "Vocês estavam mortos em pecados, e seus desejos pecaminosos ainda não tinham sido afastados. Então Ele deu-lhes participação na própria vida de Cristo, porque lhes perdoou todos os pecados, e apagou as acusações confirmadas que havia contra vocês, a lista dos seus mandamentos a que vocês não tinham obedecido. Tomando esta lista de pecados, Ele a destruiu, pregando-a na cruz de Cristo."

É assim o perdão – ou, pelo menos, é como deveria ser. Doação integral, total, incondicional. Mas compreender o perdão é fácil. Difícil é aplicá-lo. Isto porque existe uma condição imprescindível para que ele se manifeste, e que muitas vezes é negligenciada dentro do ambiente profissional: a presença do amor e da humildade. Ninguém dá gratuita e totalmente sem amar. Só o sentimento de amor genuíno nos faz doar e, ainda assim, sentir prazer nisto.

Da mesma forma, sem humildade é impossível pedir perdão pelo erro cometido. Sem humildade, você sequer consegue aceitar que errou, menos ainda pedir perdão pelo erro. Não é à toa que Jim Collins, autor de *Feitas para durar* (Rocco, com Jerry I. Porras) e *Empresas feitas para vencer* (Campus), dois *best sellers*, diz que o quinto e maior estágio da liderança é o da humildade. Quando olhamos para o amor e para a humildade de Cristo, vemos o porquê de ele ser um modelo de liderança para todos nós.

Assim, se você quiser ser um grande líder, precisa desenvolver a capacidade de perdoar e de pedir perdão. Mas, para isso, são indispensáveis as virtudes do amor e da humildade. Se possuí-las, você raramente incorrerá no erro do credor incompassivo, registrado na parábola do início do capítulo. Dificilmente será injusto com seus colegas e subordinados, exigindo deles que saldem uma dívida que não deseja que seja cobrada de você. Ao contrário: de maneira proativa, fará a eles exatamente aquilo que deseja que façam a você.

E então? Está pronto ou pronta para superar o orgulho e a arrogância e crescer como líder, perdoando e pedindo perdão? Asseguro que você jamais será considerado uma pessoa fraca por esta atitude. É mais provável que você passe a ser mais respeitado e admirado pela força que tem de se superar. Só os fortes conseguem. Você está entre eles?

"Para lidar consigo mesmo, use sua cabeça.
Para lidar com os outros, use seu coração."

John Maxwell

7

Os Trabalhadores na Vinha

É justo privilegiar os últimos?

Você acredita que existe alguma situação na empresa na qual os últimos devem ser os primeiros? Se isto é possível, como fica a questão da chamada "meritocracia"? Antes de fazer algum juízo a respeito, leia a parábola a seguir.

> "O dono de uma propriedade saiu certa manhã para contratar trabalhadores para a sua colheita. Ele combinou com eles de pagar um denário por dia e mandou todos trabalharem. Duas horas mais tarde, ele estava passando por uma praça e viu alguns homens por ali, à espera de serviço, então mandou aqueles também para os seus campos, dizendo que pagaria no fim do dia aquilo que fosse justo. Ao meio-dia, e novamente perto das três da tarde, ele fez a mesma coisa. Às cinco horas daquela tarde ele estava novamente na cidade,

> viu mais alguns homens por ali, e perguntou: 'Por que vocês estão parados o dia inteiro?' 'Porque ninguém nos contratou', responderam eles. 'Então vão e juntem-se aos outros nos meus campos', disse ele. À noite ele disse ao pagador que chamasse os homens e lhes pagasse, começando pelos últimos. Quando os homens contratados às cinco horas foram pagos, cada um recebeu um denário. Assim, quando os homens contratados mais cedo vieram para receber o que era seu, pensavam que receberiam muito mais. Porém, a eles também foi pago um denário. Eles protestaram: 'Aqueles companheiros só trabalharam uma hora, e o senhor assim mesmo pagou-lhes exatamente a mesma quantia que pagou a nós, que trabalhamos o dia inteiro e nos cansamos do calor.' 'Amigo', respondeu o homem a um deles, 'eu não fui injusto com você! Você não aceitou trabalhar o dia inteiro por um denário? Receba o denário e vá embora. É meu desejo pagar o mesmo a todos. É contra a lei presentear o meu dinheiro se eu quiser? Você se zanga porque eu sou bondoso?' E assim é que os últimos serão os primeiros, e os primeiros serão os últimos."
>
> Mateus 20:1-16

Eis uma passagem de difícil compreensão e também de difícil aceitação. "Os últimos serão os primeiros" é algo que foge à nossa compreensão. Premiar alguém independentemente de quanto a pessoa produziu é algo mais estranho ainda em um mundo capitalista. Principalmente porque olhamos para a situação proposta por Cristo com nossos olhos humanos, e julgamos segundo a nossa medida. E, na nossa medida, devemos ser recompensados na proporção dos resultados e do engajamento que tivemos no trabalho realizado.

Só que, na parábola acima, o exemplo do denário não tem nada a ver com o pagamento pelo nosso trabalho. Cristo usou esta alegoria para figuradamente falar sobre o Reino de Deus, sobre a salvação da alma. Antes de fazermos a aplicação prática em nossas vidas profissionais, é preciso entender o seguinte: o cristianismo prega que a salvação das almas é um dom gratuito, dado por Deus para todos aqueles que têm fé, ou seja, para aqueles que aceitaram o chamado do Dono da propriedade, e não é dado por causa dos méritos pessoais ou das obras que cada um faz.

É lógico que esta fé, também segundo a Bíblia, deve redundar em obras, caso contrário não se trata de uma fé verdadeira. Mas o fato é que, nesta parábola, não caberia alguém reivindicar uma maior paga pelo fato de ter trabalhado mais, uma vez que o senhor da propriedade entendia que todos eram iguais merecedores do prêmio – no caso, a salvação. Por isso lhe era justo dar aos últimos o mesmo que os primeiros iriam receber.

Infelizmente, na nossa medida, ou na nossa forma de ver o mundo, estamos sempre em competição. É como se tudo que recebemos na vida fosse por conseqüência de nossos próprios méritos. Esta condição é provocada por nossa incapacidade de ver a todos como iguais debaixo do céu e pela nossa tendência de estar sempre tentando ser melhor do que alguém. Os pais também incorrem neste erro e o perpetuam quando condicionam seu amor às conquistas de seus filhos: "Se você não fizer isso, mamãe fica de mal com você."

Isto nos impede de aceitar o conceito proposto por Cristo, de que "os últimos serão os primeiros", e de que todos podem receber igualmente o que vem dele, independentemente do tamanho do esforço ou do resultado. Se você observar, todas as dádivas divinas chegam igualmente a todos nós, sem distinção: seja o sol, a chuva, o vento, o ar, o canto dos pássaros, o arco-íris. O homem é que inverte esta verdade e estabelece critérios de julgamento que sempre colocam um contra o outro, numa escalada competitiva infindável. E passamos toda a nossa vida tentando ser mais e melhor do que os outros, na expectativa de receber os melhores prêmios. Já imaginou se alguém reivindicasse que deveria ter um ar melhor, ou mais chuva, ou um arco-íris mais bonito, só porque é *melhor* que o outro?

Será que um filho mais novo não pode ter o mesmo direito de usufruir a comida que é posta à mesa em sua casa, só porque chegou depois e não experimentou os anos difíceis que os filhos mais velhos sofreram? Seria absurdo pensar assim. Por quê? Simples: nesta situação, a relação é de amor, e não de competição. Se assim fosse, na hora da partilha da herança, ela deveria ser dividida em proporção à idade de cada filho ou a seu grau de importância econômica. Mas não é assim em casa, e não deveria ser assim nas relações pessoais entre colegas e líderes nas empresas.

Sim, vivemos num mundo capitalista, onde a lógica é a "mais-valia". Pois proponho que deixemos esta lógica, a da meritocracia – de premiar quem fez ou conquistou mais apenas no que diz respeito aos desempenhos corporativos. Perdemos muito quando transportamos esta lógica para as nossas relações interpessoais, principalmente dentro das empresas.

Da mesma forma que as dádivas divinas, cada um de nós tem uma dádiva que deveria ser igualmente e liberalmente distribuída: o amor. Infelizmente, muitos julgam que este, o maior dos sentimentos, não é pertinente ao ambiente corporativo, tão competitivo. Não é à toa que vemos tantos profissionais emocionalmente carentes. Independentemente de quem seja o maior ou o melhor funcionário, todos merecem do líder a mesma atenção, o mesmo carinho e o mesmo respeito. É sobre esta moeda que quero fazer a correlação com a parábola.

A meritocracia é extremamente válida para a premiação de resultados empresariais, mas não para julgarmos quem é mais merecedor de nossa atenção e nosso amor. Muitas vezes, os líderes evitam ou desprezam pessoas porque elas os contrariam ou se contrapõem a seus planos. Se você quer em sua empresa somente aqueles que não dão trabalho e são complacentes com suas idéias, é porque você não se vê na missão altruísta de ajudar e intervir positivamente no crescimento das pessoas, mas é movido por um sentimento egoísta de que deve ser ajudado por todos.

Para que os últimos sejam os primeiros, e isto se torne uma verdade nas relações, o critério a ser utilizado para sua aplicação deve ser o oposto ao que a lógica do mundo estabelece. Se pensarmos pela lógica de Cristo, os últimos colocados em seu *ranking* de vendas ou plano de metas serão, sim, os primeiros a receber sua atenção, seu carinho e seu apoio. Não são os melhores alunos que precisam de atenção e reforço escolar, mas os últimos, uma vez que, na maioria das vezes, os resultados ruins são fruto do desequilíbrio e da fragilidade emocional.

Por sua vez, os primeiros devem ser os últimos, pois estão menos carentes deste apoio e desta atenção, uma vez que seus resultados demonstram seu melhor estado emocional. É lógico que nem por isso eles deixarão de ser igualmente contemplados com sua manifestação de apreço e amor. Lembre-se de que o amor deve ser incondicional e liberal.

É essa a lógica que você tem aplicado em seus relacionamentos? Ou você tem privilegiado sua atenção aos que alcançam os melhores resultados, como se o seu amor devesse ser repartido de acordo com os méritos de cada um? Em suas relações, faça como Cristo ensinou: busque a todos, e a todos se doe e ame liberalmente, ao invés de só amar quem produz ou conquista mais. Na verdade, em primeiro lugar ame os últimos. São eles os que mais precisam de você.

"Há dois tipos de empregados que qualquer patrão deve evitar: os que não fazem o que ele manda e os que só fazem o que ele manda."

Bud Hadfield, inspirado em Henry Ford

8

Os Dois Filhos

Colaboradores versus *dissimuladores* versus *"do contra"*

"Um homem que tinha dois filhos disse ao mais velho: 'Filho, saia e vá trabalhar na plantação hoje.' 'Não vou', respondeu ele, porém mais tarde resolveu ir. Depois o pai disse ao mais novo: 'Vá você!' e ele disse: 'Sim, senhor, eu vou.' Mas não foi. Qual dos dois estava obedecendo ao pai?" Eles responderam: "É claro que o primeiro". Então Jesus explicou o que ele queria dizer: "Certamente os perversos e as prostitutas arrependidos entrarão no Reino antes de vocês."

Mateus 21:28-31

Não preciso ficar gastando tempo, tinta, papel ou memória de computador para afirmar que o sonho de todo chefe é ter profissionais que sempre estejam prontos para executar suas tarefas, atendendo sem contestação às ordens dadas. Estes chegam a se orgulhar do fato de fazer "exatamente como pedido". É lógico que este não é o sonho do verdadeiro líder. Ele está em busca de pessoas que possam agregar valor aos processos, através de questionamentos e sugestões, não se portando como verdadeiros *paus-mandados* ou robozinhos programados. Podemos chamar estes profissionais "colaboradores".

Mas na fauna corporativa existe outro tipo de profissional, que tem por característica afirmar algo com o que diz e negá-lo com o que faz. São os "dissimuladores" ou "fariseus", porque, como dizia Jesus, eles louvam com os lábios, mas seus corações estão distantes. Não existe melhor forma de um profissional fugir de sua responsabilidade do que respondendo afirmativamente a um chamado. Às vezes, são até efusivos e empolgados: "Deixe comigo" ou "estou aqui para isso, doutor". Os mais criativos e performáticos chegam a buscar adágios populares para mostrar sua falsa prontidão: "Patrão, soldado no quartel quer serviço." Dizendo "sim" logo de imediato, ele evita qualquer questionamento e consegue garantir a imagem de alguém que está sempre pronto para atender, daquele tipo com que a gente pode sempre contar. Se possível, bajula o chefe, dizendo aquilo que ele quer ouvir, não o que precisa ser dito.

Na verdade, a expectativa é que o superior acabe esquecendo o que pediu. Aí, omite-se na execução da tarefa ou a faz, mas negligentemente. Se o superior lembra e cobra, é especialista em procurar (e achar) as desculpas mais adequadas e cabeludas para justificar por que não fez o que devia ser feito, ou por que não pôde ser concluído. Como é sempre cordial e *solícito*, consegue enrolar por muito tempo os chefes inseguros, aqueles que precisam constantemente ser paparicados. O pior é que, muitas vezes, os dissimuladores conseguem transferir a culpa para pobres executores, que têm menos eloqüência no falar e não gostam de ficar rodeando as orlas da veste real. Com isto, conseguem se safar por um período maior do que deveriam.

Existe uma terceira família da espécie *profissionalis corporativus*. São aqueles que, a princípio, sempre encontram uma dificuldade, colocam o obstáculo, falam da falta de tempo ou da falta de recursos para executar uma tarefa. São os "do contra". Eles se subdividem em duas subespécies. Os que dizem "não" de imediato parecem com o primeiro filho da parábola, que começou negando, mas depois arrependeu-se e foi. Este tipo de profissional não é necessariamente alguém ruim, apenas uma vítima de seu temperamento e sua inflexibilidade. Muitas vezes, age precipitadamente. Em reuniões, se retira, raivoso. O tempo passa e ele se reaproxima para colaborar. Em outras ocasiões, diz que não pode ir além do horário. Depois, vê que estão todos *pegando no batente* e acaba ficando também e dando sua contribuição.

A outra subespécie do grupo "do contra" não chega a negar ostensivamente, apenas parcialmente. Às vezes, diz "vamos ver o que a gente pode fazer; não vou garantir, mas podemos tentar". Em outras, sai com algo mais contundente que, para aqueles que não a conhecem, chega a assustar: "Não tem a menor possibilidade. Amanhã? É impossível! Quinta ou sexta-feira, tudo bem. Aí dá para a gente pensar." Na maioria das vezes, são apenas tentativas de valorizar o seu trabalho, ou usa essas negativas parciais como defesa para a possibilidade de uma eventual falha ou insucesso. No fim das contas, realmente entrega o que foi solicitado, e muitas vezes num prazo menor do que o possível.

É lógico que há também aqueles que realmente não fazem. Mas sobre esses, não precisamos falar muito, pois, a rigor, não deveriam estar sequer povoando o *habitat* das empresas. E por uma simples razão: além de não fazer o que deve ser feito, eles ainda contaminam aqueles que tinham a intenção de fazer.

Os "do contra" requerem um pouco mais de tempo para ser compreendidos em sua forma de agir, assim como exigem líderes pacientes, que estejam dispostos a dialogar e negociar acordos, e que elogiem com freqüência, pois muitos desses profissionais precisam alimentar-se constantemente do elogio para se auto-afirmarem.

A parábola apresenta um desfecho provocativo. Jesus diz que o Reino de Deus pertencerá aos que se arrependem, independentemente do que fizeram antes, tenham sido eles publicanos (odiados coletores de impostos) ou meretrizes (não precisa explicação). Transpondo isto para a vida profissional, vale o questionamento: excetuando o profissional colaborador – porque já é um verdadeiro santo, e sua passagem para o *céu* corporativo é garantida – dos tipos de profissionais acima apresentados, qual deles mereceria permanecer na folha de pagamento de sua empresa? O "dissimulador" ou o "do contra"? Se sua empresa for focada em resultados, não tenho dúvida de que o segundo, apesar de seu jeito estranho de conduzir suas atividades. Antes alguém que, a princípio, nega, se arrepende e depois faz do que profissionais que parecem árvores frutíferas frondosas e garbosas, mas que são estéreis e não produzem os frutos de que toda empresa necessita.

"A marca (recorde mundial em número de pontos, 46725) significa muito. Digo isto porque sempre treinei para ser o melhor jogador de basquete do mundo, e acredito que ninguém tenha treinado mais do que eu. Portanto, atingir esta marca será um momento de muita alegria. Nunca tive a ambição de quebrar recordes, mas sim de ser um grande jogador."

Oscar Schmidt, o maior jogador de basquete brasileiro

9

Os Lavradores Maus

Ambição pra quê?

Será que algum profissional pode crescer na vida se não tiver ambição? Afinal, ambição é algo positivo ou negativo? Leia a parábola abaixo e depois vamos mergulhar no mundo da ambição, da ganância, da cobiça, do desejo, da vontade...

"Certo proprietário plantou uma vinha com uma cerca ao redor, e construiu uma plataforma para o vigia; então alugou a vinha a alguns lavradores, querendo receber em troco uma parte da colheita; e foi morar em outro país. No tempo da colheita da uva, ele mandou seus representantes aos lavradores, para recolher a parte dele. Mas os lavradores atacaram os homens: bateram em um deles, mataram outro e apedrejaram o terceiro. Então ele mandou um grupo ainda maior de homens para receber em nome do patrão, mas os resultados foram os mesmos. Finalmente, o proprietário mandou seu filho, pensando que fosse respeitado por eles.

> Porém, quando aqueles lavradores viram o filho chegando, disseram entre si: 'Aí vem o herdeiro; é melhor que morra para ficarmos com a propriedade.' Assim eles o arrastaram para fora da vinha e o mataram. Quando o proprietário voltar, que acham vocês que ele fará com aqueles lavradores?" Os líderes dos judeus responderam: "Ele dará aos homens maus uma morte horrível, e alugará a vinha a outros que lhe paguem com honestidade."
>
> Mateus 21:33-41

Cuidado com a ambição! Vou direto ao assunto: a ambição é um sentimento destrutivo, apesar de ser comum encontrar vários consultores de carreira defendendo a idéia de que a ambição é fundamental para o desenvolvimento de um indivíduo. Este aspecto é, inclusive, considerado um dos quesitos de avaliação do profissional que "tem futuro". Pois vou lhe mostrar o lado sombrio da ambição, muitas vezes ignorado pelos que usam a palavra livremente, e mostrar também os efeitos colaterais que ela provoca naqueles que a alimentam, mesmo inconscientemente.

Uma das formas que nós, brasileiros, encontramos de tirar o peso do real significado da palavra "ambição" foi confrontando-a com a ganância. "Ganância" é uma palavra de origem hispânica e significa "ação ou efeito de ganhar", mas também "ambição desmedida". Uma interpretação superficial nos levaria a crer que a ambição é algo bom e que seu uso inadequado ou descontrolado é que levaria à ganância. É um engano. A palavra "ambição" é derivada do latim *ambitione* ou *ambitio*, que literalmente significava o ato de pedir votos em prol de um cargo.

É a partir deste conceito que entendemos o porquê de ambição também significar o desejo ardente ou veemente de fama, riquezas, glória, honras e/ou poder. Ora, esses são aspectos normalmente conquistados ou buscados através dos cargos públicos. É impressionante quando estudamos um pouco mais o tema e verificamos que *ambitus* (outra palavra do latim com o mesmo radical de *ambitio* e que em português quer dizer âmbito) significa originalmente "caça ilegal de votos por cargo, suborno, luta em busca de popularidade ou realização".

A coisa não pára aí. A palavra "ambição", em português, também significa cobiça. Cobiça, por sua vez, e segundo nossos dicionários, significa o desejo veemente de conseguir alguma coisa; a ânsia ou a ambição de conquistar honras ou riquezas; avidez; concupiscência. A palavra "cobiça" provém do latim *cupiditia* ou *cupiditas* (desejo ávido, ansioso, apaixonado; ambição, avareza, espírito de festa).

Se você está pensando que *cupiditia* tem a ver com "cupido", pode ficar certo que sim. Cupido, além de ser o deus do amor, também significa o desejo de poder, a ambição, além de desejo físico. *Cupidus* era o termo em latim empregado para quem praticava a cupidez, e significava também "devasso, corrupto, libertino, lascivo, luxurioso". O famoso dicionário Webster de inglês ainda acrescenta que cobiçoso (ambicioso) é aquele "marcado pelo desejo irregular de riquezas e posses do outro", ou "alguém que tem uma paixão por posses". A palavra implica egoísmo e, freqüentemente, sugere um significado de cruel e injusto.

Procurei, mas não encontrei uma passagem bíblica sequer que tratasse a ambição, a ganância e a cobiça como coisas positivas. São inúmeras as recomendações dadas na Palavra de Deus de que devemos nos afastar desses tipos de sentimentos que, inclusive, foram os que motivaram os trabalhadores a se apossar das terras e dos frutos do proprietário da vinha, como registra a parábola logo no início de nossa reflexão.

Você pode até dizer: "Mas minha ambição por crescimento profissional nada tem a ver com o crime que aqueles trabalhadores praticaram. Sou uma pessoa que respeita os valores dos outros." Se você faz isto, parabéns: você não tem ambição, mas o sonho de crescer e a vontade necessária para realizar o seu sonho. A sua motivação é você, e não superar o outro ou conquistar o que pertence ao outro (cargo, riquezas, salário). Lembre-se de que "aquele que não faz mais do que lhe pagam jamais será pago a mais pelo que faz". Sua motivação deve ser fazer mais, e não ganhar mais. Ganhar mais é uma conseqüência, não uma causa. Explico melhor a seguir.

A ambição de crescer que existe nos chamados "bons profissionais" os leva a desenvolver um desejo obstinado de buscar a realização de suas conquistas, custe o que custar. Isto parece bom, mas uma coisa é você trabalhar para realizar um grande trabalho, o melhor trabalho, motivado pelo simples desejo de se superar (crescer interiormente), de fazer bem feito. Outra coisa, e totalmente diferente, é você trabalhar numa busca desmedida (ambição) de superar os outros e alcançar o sucesso, ou postos, ou riquezas.

Na primeira situação, as realizações vão sendo acrescentadas à vida do profissional como uma conseqüência natural da excelência com que faz o seu trabalho. Na segunda situação, é o profissional que as conquista, como numa luta, fazendo delas a causa para seu exercício profissional. É aí que está o perigo. No capítulo 6 de Mateus, versículos 33 e 34, encontramos o seguinte: "Ele as dará *[as coisas que precisamos]* a vocês, se o colocarem no primeiro lugar de suas vidas. Portanto não fiquem preocupados com o dia de amanhã. Deus cuidará do dia de amanhã para vocês também. Já é suficiente a preocupação de cada dia." Entenda que Jesus recomenda que não nos preocupemos com o amanhã. Isto não significa dizer que o futuro não deve ser motivo de sua atenção. A recomendação é que ele não deve ser motivo de sua preocupação.

Portanto, continue olhando para o futuro, desenvolvendo a vontade necessária para agir no presente, mas troque a ambição de conquistar pela motivação em crescer. Isto certamente fará uma grande diferença não só em sua vida, mas também será claramente sentida pelos que cercam você. Ficará claro que uma das formas mais rápidas de crescimento é servindo incondicionalmente ao próximo. Dificilmente os ambiciosos conseguem enxergar suas relações pessoais sob este prisma, contemplando o outro. Eles estão muito preocupados em gastar suas energias em lutas pessoais, em conquistar seus territórios e riquezas. E quem pensa assim está muito mais propenso a enxergar os outros como inimigos e obstáculos ao seu crescimento – ao invés de seu interior, depende da conquista do que está fora deles.

Veja que sempre se tem ambição por algo que está fora de você, nunca dentro. Pense nisto, e deixe este sentimento de lado. Ele é ruim e destrutivo. Mas nunca abra mão de crescer, de evoluir.

"É melhor estar preparado para uma oportunidade e não ter nenhuma do que ter uma oportunidade e não estar preparado."

Whitney Young Jr.

10

As Bodas

O que você faz com os convites da vida?

Já aconteceu de você ser chamado para alguma coisa, mas não ser escolhido? Como você tem reagido aos vários convites que a vida tem feito para seu crescimento e seu progresso? Leia a parábola e depois reflita que tipo de profissional você é.

> "Um rei (...) preparou um grande banquete de casamento para o seu filho. Muitas pessoas foram convidadas, e quando o o banquete estava pronto, ele mandou mensageiros para avisar a cada um que estava na hora de ir. Mas todos eles recusaram o convite! Então mandou outros criados para dizer-lhes: 'Está tudo pronto, e o assado está no forno. Venham depressa!' Mas os que ele havia convidado riram e foram tratar dos seus negócios, um para a sua fazenda, outro para o seu armazém; outros bateram nos mensageiros, e

> fizeram com que passassem vergonha e até mataram alguns deles. Então o rei, irado, mandou o seu exército, destruiu os assassinos e pôs fogo na cidade deles. Disse aos seus criados: 'A festa de casamento está pronta, e os que eu convidei não são dignos desta honra. Então saiam pelas esquinas e convidem todos os que vocês acharem.' Assim fizeram os criados, trouxeram todos os que puderam achar, tanto os bons como os maus; e o salão do banquete ficou cheio de convidados. Mas quando o rei entrou para conhecer os convidados, notou um homem que não estava usando a roupa de casamento (dada por ele). 'Amigo', perguntou ele, 'como é possível você estar aqui sem a roupa de casamento?' E o homem não teve resposta. Então o rei disse aos seus auxiliares: 'Amarrem suas mãos e pés, e joguem esse homem na escuridão, onde há choro e ranger de dentes.' Porque muitos são chamados, mas poucos são escolhidos."
>
> Mateus 22:2-14

Meu propósito não é fazer análise teológica desses conceitos, mas aplicá-los à vida profissional. Fazendo assim, não é difícil identificar várias situações em que este conceito pode ser aplicado. Os escolhidos para as vagas no vestibular, os escolhidos para disputar um emprego, os escolhidos para a promoção na empresa, os escolhidos em um concurso ou numa concorrência pública etc. Em todos os casos, temos em comum o fato de existirem critérios para esta escolha. Se são justos ou não, não vem ao caso agora, apesar de ser um tema rico o suficiente para ser tratado. Em comum também existe o fato de que, via de regra, os escolhidos são poucos em relação aos muitos chamados.

Até aqui, nada de novo. Mas quero chamar sua atenção para outro tipo de chamado. Na verdade, um chamado que a vida não faz para muitos, mas para todos. Um chamado para o qual também são poucos os escolhidos. Falo do chamado das oportunidades de crescimento. Sim, as oportunidades chegam e chamam a muitos, mas poucos são os escolhidos por ela para aproveitá-la –

ou poderíamos dizer que poucos se deixam escolher, ou seja, conseguem transformar essas oportunidades em crescimento pessoal (profissional, familiar, mental, espiritual etc).

Uma perguntinha simples: nas várias vezes em que a vida tem feito convites a você, chamando para crescer – aqueles convites que costumamos chamar "oportunidades" –, qual foi a sua reação? Você tem ignorado e até zombado desses convites? Você os tem aceitado, mas não tem se preparado como convém? Ou você tem agarrado os convites, apesar dos riscos e sacrifícios que eles implicam? A parábola deixa claro que existem três grupos de pessoas. Vamos estudar cada um deles e verificar como se confundem com vários profissionais que vemos nos corredores das corporações.

1) Os que foram chamados, mas ignoraram ou até mesmo zombaram e ultrajaram o chamado ("... riram e foram tratar dos seus negócios...")

Segundo Henry Kaiser, os problemas são apenas oportunidades vestidas com roupa de trabalho. Ou seja, para a oportunidade entrar em ação, surgir em sua vida, ela precisa colocar seu uniforme de trabalho. Caso contrário, não será notada. E como o uniforme de trabalho da oportunidade é tudo aquilo que chamamos "problema", muitos não conseguem percebê-la ou recebê-la, pois suas mentes já estão condicionadas a correr para bem longe de problemas.

É verdade! Existem muitas pessoas que, quando vêem os problemas, correm deles como o diabo foge da cruz. São aqueles profissionais que, quando o chefe diz "temos um problema para resolver", escondem-se sob a mesa, simulam que estão falando no celular ou dizem que precisam sair para uma visita que já tinha sido marcada. Pois bem, eles estão condicionados a detestar os problemas, em vez de perceber que estão diante de grandes oportunidades de serem notados, de serem percebidos como profissionais úteis.

Imagine se um médico dissesse a um paciente: "Pelo amor de Deus, não me venha falar de doenças!" Com esta atitude, ele estaria fora do mercado em pouco tempo. Será que seu caso é semelhante? Pois saiba que o mundo anseia por pessoas que solucionem problemas. Se você passar a ver os problemas como realmente são, ou seja, oportunidades, você se verá diariamente diante de trampolins para o seu crescimento, para o seu sucesso. Pare de rejeitar os problemas. Sem eles, como você mostraria que é um grande profissional? Agradeça a Deus por existirem os problemas. Eles são a razão de o mundo precisar de você. Se você aceitou esta idéia, a próxima pergunta a se fazer é: "Estou preparado?"

2) Os que aceitaram o chamado, mas não estavam adequadamente preparados e, por isso, foram rejeitados ("... como é possível você estar aqui sem a roupa de casamento?")

Somos o país do imediatismo, do improviso. Por sermos excessivamente criativos (isto pode ser bom, se for bem usado), achamos que o planejamento e a capacitação são etapas dispensáveis. É algo tão arraigado que chegamos ao cúmulo de, ao fim de uma reunião de planejamento, dar um tapa na mesa e um sonoro brado: "Agora, é hora de trabalhar!" Ora, mais essa! E planejamento não é trabalho?

Bem, a verdade é que muitos profissionais até conseguem ter a inteligência emocional ou a atitude necessária para enfrentar os desafios, o novo, os problemas (ou oportunidades, como queira). Mas lhes faltam a preparação e o planejamento adequados. Lembra-se do já batido chavão, protagonizado por Elmer Letterman, que diz que "a sorte é o que acontece quando a preparação encontra a oportunidade"? Pois até na Bíblia encontramos também tais recomendações: "Fiquem atentos e orem. De outro modo a tentação vencerá vocês. Pois o espírito na verdade está disposto, mas como o corpo é fraco!" (Mateus 26:41). Ou seja, neste caso bíblico, o espírito destemido existe, mas é necessária a preparação (vigilância e oração) para saber enfrentar as situações adequadamente.

Portanto, esteja sempre preparado para bater o pênalti, dar a cabeçada precisa ou o chute certeiro. Você nunca sabe em que momento do jogo a situação ocorrerá. Mas se você tiver se preparado para tal, através dos vários e incansáveis treinamentos (leituras, cursos, palestras, práticas, exercícios) aos quais se submeteu, sem mesmo saber se algum dia iria precisar de tais habilidades e competências, com certeza sua probabilidade de aproveitar as oportunidades, ou os convites, será muito maior.

Encare os desafios, mas antes disso capacite-se para tais. É lógico que não dá para se preparar para tudo, e, para seu crescimento, você terá de aprender muita coisa na base da experiência e da prática. No entanto, com um mínimo de capacidade, você não será lançado para fora da festa que o levará ao sucesso.

3) Os que foram chamados e, segundo os critérios vigentes, não pareciam preparados ou dignos do convite, mas foram aceitos e escolhidos ("... trouxeram todos os que puderam achar, tanto os bons como os maus...")

Pelo amor de Deus, não se subestime. Esteja certo de que você jamais conseguirá ir um centímetro além da imagem que faz de si mesmo. É incrível como existem pessoas que se dão um valor tão baixo que se tornam o maior empecilho para seu próprio crescimento. Assim como Deus não olha aparências, e no fim dos tempos não irá avaliar você usando uma fita métrica em seu bolso, mas em seu coração, a vida também não considera sexo, cor, raça, procedência ou altura. Quem faz este tipo de discriminação são os homens, e não a vida. Você é que permite ou não que esses julgamentos prevaleçam sobre os que você faz sobre si.

Se você tiver alguma dúvida disso, veja os vários casos de pessoas que tinham tudo para não alcançar o topo em suas áreas, mas que hoje são autênticas referências de sucesso: Silvio Santos, Marlene Mattos... ou mesmo o presidente Lula! Eu sei que são poucos. Mas não aconteceu porque os outros não foram chamados, e sim porque somente poucos deles acreditaram que eram dignos de aceitar o convite. Por isso, poucos foram escolhidos.

E aí? Que tipo de profissional você é no que diz respeito a aproveitar as oportunidades da vida, a encarar o desafio de resolver os problemas, a aceitar o convite de ser alguém melhor do que é hoje? Mude sua atitude diante dos problemas, capacite-se em sua área, acredite em si mesmo e cresça! Sim, o mais importante: que Deus abençoe você neste processo. Ou vai querer rejeitar a bênção também?

"O caráter pode ser manifestado nos grandes momentos, mas é formado nos pequenos."

Phillips

11

Bom Servo, Mau Servo

O que os líderes fazem na ausência do dono?

Vou parafrasear uma parte da música *Quatro vezes você*, do grupo Capital Inicial, e fazer duas perguntas provocativas: o que você faz quando ninguém no escritório está vendo? E o que você gostaria de fazer se o seu chefe, ou o dono da empresa, não pudesse ver?

Nem tente responder! Na verdade, não quero que você fique alimentando suas fantasias ou abrindo espaço para dar vazão às suas possíveis frustrações e raivas corporativas. Também devo admitir que você pode estar – e espero que esteja – entre os muitos bons profissionais que aproveitariam a chance de agir sem ser notados para viabilizar grandes idéias, lançar produtos inovadores ou fazer as benditas e necessárias mudanças que vêm sendo rejeitadas.

Mas não quero me concentrar nesses profissionais "do bem", que muitas vezes são cerceados pelo ambiente macabro, ditatorial e terrorista que alguns "líderes do mal" criam. Quero falar exatamente desses supostos líderes que criam esses horrendos ambientes exatamente quando seus superiores não podem ver o que eles estão fazendo.

Neste capítulo, seria impossível contemplar todas as motivações que levam esses *descompensados* (desculpe-me, mas não encontro outra palavra) a se portar dessa forma. Mas é certo que eles existem, e vale a pena estudar um pouco esta espécie do reino corporativo. A parábola a seguir, proferida por Jesus e registrada por Mateus, ilustra bem a situação. Leia com atenção, e depois vamos ponderar sobre esse tipo de profissional. Ou antiprofissional, melhor dizendo.

> "Você é um servo do Senhor sábio e fiel? Então eu lhe entregarei a tarefa de cuidar da minha casa, e dar de comer aos meus filhos dia a dia! Feliz de você se, quando eu voltar, encontrá-lo fazendo fielmente o seu trabalho. Eu vou pôr servos fiéis assim para cuidar de tudo o que possuo! Mas se você for mau e disser consigo mesmo: 'Meu Senhor não voltará tão cedo', e começar a maltratar os outros servos seus companheiros, metendo-se em festas e ficando embriagado, o seu Senhor chegará sem avisar e sem ser esperado, e vai castigar duramente você, e o mandará para a condenação dos fingidos; ali haverá choro e ranger de dentes."
>
> Mateus 24:45-51

É lógico que não estou torcendo para que o fim do mau líder seja semelhante ao do mau servo retratado na parábola. Mas é importante notar que muitos líderes tiranos agem de forma bastante semelhante ao servo mau da parábola. Na frente de seus senhores (superiores), comportam-se de uma forma. Mas, quando estão na ausência deles e na presença de seus subordinados, mostram verdadeiramente quem são: homens e mulheres mesquinhos, chantagistas, grosseiros, arrogantes, indóceis, incompreensivos, enfim, indivíduos corrompidos em seus valores e suas condutas.

E o pior é que, como mostra a parábola, a cegueira produzida por suas mentes e corações corrompidos pelo ódio, amargura e desamor faz muitos deles crerem que jamais serão notados, e que o senhor da parábola (seu superior) tardará em descer ao seu departamento, dirigir-se aos colaboradores de sua filial ou visitar a loja que este mau servo gerencia (ou melhor, o campo de concentração do qual ele toma conta).

Mas cabe-nos perguntar: o que os leva a ter duplo comportamento? Por que são incomparavelmente piores do que aqueles que se comportam sempre agressivamente, inclusive defronte de seus superiores? É simples: estes últimos, pelo menos, são constantes, e a empresa tem condições de avaliar rapidamente se vale ou não a pena mantê-los na equipe – ou, ao menos, mantê-los produzindo isoladamente, numa espécie de confinamento ou bolha. Se não valer a pena, se não agregarem o suficiente para compensar o custo emocional, rua com eles!

O problema está nos dissimulados a que nos referimos. Porque, por algum tempo – muito ou pouco, dependendo do tipo de cultura e clima da organização –, eles conseguem causar um grande estrago com seu duplo comportamento. Olhando mais atentamente para eles, vê-se claramente que agem assim por fazerem acepção de pessoas. E alicerçados em uma visão distorcida de autoridade e hierarquia, consideram-se autorizados a tratar seus comandados como bem lhes entender, não importando o respeito à moral nem aos interesses e direitos do outro.

Nesta visão destorcida, eles consideram que "subordinado" significa, literalmente, "inferior, secundário, subalterno". De fato, na origem da palavra, em latim, o termo "subordinado" (*subordinare*) significa "o que foi colocado abaixo". "Ora, se os que estão sob a minha incumbência são inferiores, significa então que sou superior", pensam eles. Mas suas mentes corrompidas pelo poder, pela ambição ou pela ganância não os deixa enxergar que, na verdade, seus direitos não são superiores aos daqueles que lhes são subordinados, mas seus deveres. Ou seja, foram postos como superiores porque, supostamente, estão preparados para assumir deveres sobre os outros – responsabilidades, e não direitos. E uma das traduções em latim para "autoridade" (*auctoritas*) é exatamente "responsabilidade". Infelizmente, somente associamos poder, força ou comando ao termo "autoridade".

Se buscarmos na Bíblia o padrão de comportamento que devemos ter de uns para com os outros, encontraremos a recomendação de Jesus: sempre, seja na presença ou na ausência de nossos superiores ou subordinados, devemos amar o próximo. O apóstolo Paulo recomenda ainda, em 1 Coríntios 10:24, que "não pensem só em si mesmos, procurem pensar no seu semelhante também e no que é melhor para ele". Na carta aos filipenses, 2:3, Paulo ainda completa: "Sejam humildes, pensando dos outros como sendo melhores do que vocês mesmos." A recomendação é para ser aplicada a qualquer relação pessoal. Em nenhum momento vemo-nos autorizados por ele a humilhar ou ferir o semelhante.

Concluindo, não resta dúvidas de que a inversão de valores que leva esses profissionais a agir desta forma é fruto de seu caráter mau. E segundo Parke Kalhenberg, "reputação é o que você faz quando todos estão vendo; caráter é o que você faz quando ninguém está olhando". Veja bem: para esses profissionais, "todos" é composto somente daqueles que lhe interessam para conquistar a reputação que tanto ambicionam em sua escalada de poder. Por isso, agem polidamente com eles. Porém, como para eles os subordinados são "ninguém" mesmo, então podem agir de acordo com seu caráter. Malcom Forbes disse que "você pode facilmente julgar o caráter dos outros pela forma como eles tratam aqueles que não podem fazer nada por eles ou para eles". E segundo Abraham Lincoln, "se você quiser testar o caráter de alguém, dê-lhe poder".

Portanto, se você é o líder no topo de uma organização, muito cuidado com o que fazem seus outros *líderes*, principalmente enquanto você não está por perto. Corre-se o grande risco de eles não terem grandeza de caráter suficiente para entender e praticar a correta autoridade. Mas não se preocupe: mais dia, menos dia, você acabará percebendo o resultado do comportamento deles pela saída dos grandes talentos de sua empresa ou pela queda das vendas ou da produtividade de sua empresa. O problema é que, quando você notar, pode ser tarde demais. Por isso, que tal dar uma voltinha pela sua empresa, olhar e escutar o que seus diretores, gerentes e chefes andam fazendo quando você não está por perto? A não ser que você seja o problema. É?

"Coragem é resistência ao medo, domínio do medo, e não ausência do medo."

Mark Twain

12

As Dez Damas de Honra

Viva o medo!

Já estou cansado de ouvir, mas nunca é demais lembrar (vai que há algum desavisado entre nossos leitores): correr riscos é uma das verdades inquestionáveis e irrefutáveis na vida daqueles que querem crescer profissionalmente. Ponto final! Entre todos os riscos que corremos, nenhum pode ser mais ameaçador do que aquele que represente a perda de nossa própria vida. E se o ditado popular estiver certo, você precisa aceitar que, "para morrer, basta estar vivo".

Aplicando este conceito à vida profissional, não existe chance de você viver profissionalmente sem se permitir a experiência de trabalhar com as incertezas, com o risco, que significa a probabilidade de perigo. "Aceito ou não aquele novo cargo?"; "Faço ou não esta faculdade?"; "Falo ou não o que ocorreu para a diretoria? E se eu falar, corro o risco de perder o emprego?"; "Dou ou não um crédito maior para esse cliente?"; "Será que consigo fazer esta apresentação no auditório para toda a empresa?"; "Peço demissão e vou trabalhar por conta própria?"; "Vale a pena investir numa aproximação com aquele colega?" Essas são apenas algumas das muitas questões pelas quais passamos em nossas vidas profissionais.

As ameaças estão por todo lado, sejam elas naturais, culturais, morais, sociais, ou de outra natureza. Não adianta imaginar um mundo sem elas. Assim, viver é uma constante ameaça. E viver sob risco é amedrontador para muitos profissionais. O problema está no fato de que o medo pode levá-los a ficar paralisados, inertes, colocando-os na mais ameaçadora de todas as situações: a de não tomar decisão alguma, deixando que o mundo tome por eles. Nesse instante, eles perdem o controle sobre o seu próprio crescimento e o entregam aos outros.

Então, o que fazer quanto ao medo? Como eliminá-lo para que tenhamos a coragem de correr os riscos e enfrentar os perigos? Aí está o equívoco: jamais elimine o medo! E digo mais: suspeite de todas as vezes que estiver perto de tomar uma decisão e não sentir medo algum. O piloto da Varig que, há alguns anos, passou do ponto de aterrissagem e parou com o bico de um avião Electra nas pedras do Aeroporto Santos Dumont, no Rio de Janeiro, deu a seguinte declaração: "Esse acidente ocorreu porque perdi o medo de voar." Ou seja, a ausência de medo o levou a não se cercar das medidas necessárias para enfrentar os riscos inerentes à ação de decolar, voar e aterrissar.

Só existe uma razão para não haver medo: se você tiver a certeza de que não existe uma ameaça, um risco. É por isso que Jesus disse: "Não tenham medo, sou eu" (Mateus 14:27), quando vinha andando por sobre as águas ao encontro dos apóstolos. Era como se ele dissesse: "Não há razão para que tenham medo, pois não sou uma ameaça." O mesmo Jesus recomenda, em Mateus 10:28: "Não tenham medo daqueles que só podem matar o seu corpo – mas não podem tocar na alma de vocês! Temam apenas a Deus, que pode destruir no inferno a alma e o corpo juntos." Ou seja, tenha o devido medo daquilo que realmente pode ser uma ameaça.

É lógico que existem medos irracionais e medos fundamentados. O medo pode vir de crenças ou superstições. Não me refiro a este tipo de medo. Não estou falando de profissional infantil, que ainda tem medo de bicho-papão ou mula-sem-cabeça – apesar de várias corporações estarem cheias deles. Refiro-me ao medo que decorre da consciência do perigo, fundamentado em uma avaliação racional e sensata dos fatos. Estou falando de profissionais que, depois de se cercar do maior número de fatos, análises e suposições possíveis, perguntam-se: "E agora? Qual caminho tomar?"

Sem sombra de dúvida, você precisa de coragem para tomar decisões e avançar sobre as incertezas. Mas coragem não significa ausência de medo, mas a firmeza de enfrentar o perigo, apesar do medo. Sem o medo, a força que o empurraria sobre o perigo não seria a coragem, e sim a temeridade, que significa ousadia excessiva ou imprudência. Isto é insensatez. O medo é um estado afetivo, é um sentimento. Por sua vez, o sentimento é decorrente de uma racionalização. Por isso, a temeridade é insensata ou irracional. É fazer sem pensar. Quando temos medo, é porque pensamos. E isso é bom, pois o medo não ocorre porque existe a ameaça, o risco, mas porque temos dúvidas de estar ou não devidamente preparados para combater ou assumir as conseqüências da escolha. Isto é prudência.

Pronto, finalmente chegamos ao ponto: prudência. Saiba que o medo é componente integrante daqueles que são prudentes. Prudente é aquele cauteloso, sensato, ajuizado, que costuma precaver-se, preparar-se antecipadamente para o perigo, para correr o risco. E se ser prudente é uma virtude – e se a prudência é decorrência do medo –, viva o medo! É o que todo profissional deveria ser: um ousado prudente! Ou seja, alguém que faz as escolhas, avança sobre os riscos, mas consciente e preparado.

Portanto, não se preocupe se sentir medo diante das decisões profissionais. Elas são o combustível para você tomar uma decisão prudente, sensata, ajuizada. Isto não significa que toda decisão será acertada. Mas, certamente, significa que você não terá razões para se arrepender, pois poderá sempre se valer do seguinte argumento: "A decisão que tomei foi fruto de um exame cauteloso. Fiz o que ponderei que seria o melhor para mim; se não deu certo, só me resta seguir em frente e tentar outra vez, agora de outra forma." Cuidado com a ausência de medo. Ela pode ser fatal. E viva o medo!

Para melhor subsidiá-lo na análise acima, veja abaixo uma parábola de Jesus que mostra as conseqüências da imprudência, e avalie se você tem agido como as dez damas de honra sem óleo.

> "Dez damas de honra (...) tomaram suas lâmpadas e foram ao encontro do noivo. Apenas cinco entre elas foram bastante espertas para encher suas lâmpadas de azeite, enquanto que as outras cinco eram irresponsáveis e esqueceram. E, como o noivo estava demorando, elas se deitaram para descansar, até à meia-noite, quando foram acordadas pelo grito: 'O noivo está chegando! Saiam para recebê-lo!' Todas as moças pularam e prepararam suas lâmpadas. Então as cinco que não tinha azeite nenhum pediram às outras que dividissem com elas, porque as suas lâmpadas estavam se apagando. Mas as outras responderam: 'Nós não temos bastante. Em vez disso, vão às vendas e comprem para vocês.' Mas enquanto elas foram, o noivo chegou, e aquelas que estavam prontas entraram com ele para a festa de casamento, e a porta foi trancada. Mais tarde, quando as outras cinco voltaram, ficaram lá fora, chamando: 'Senhor, abra a porta para nós!' Porém ele respondeu: 'Vão embora! É tarde demais!' Portanto, fiquem acordados e estejam preparados, porque vocês não sabem a data nem o momento da minha volta."
>
> Mateus 25:1-13

"Quando eu estiver diante de Deus, no fim de minha vida, espero que não tenha deixado para trás um mínimo sequer de talento, e possa dizer: eu usei tudo que tu me deste!"

Erma Bombeck

13

Os Talentos

Não enterre suas capacidades!

A questão é simples: o que você tem feito com seus talentos inatos? Tem multiplicado ou enterrado? Antes de responder a estas questões, é importante você conhecer a origem da palavra "talento". E não fique com brincadeira, achando que ela é o antônimo de *ta-rápido*. É muito mais que isto.

Em nossa língua, talento provém da palavra latina *talentum*, que, por sua vez, origina-se da palavra grega *tálanton*. Este era o nome de uma moeda, assim como de uma medida de peso usada na antiga Grécia e em Roma. Um talento de ouro significava uma quantidade de ouro correspondente ao peso de um *tálanton*. A idéia de um dom natural ou de uma aptidão excepcional nasceu da interpretação da parábola de Jesus, registrada no Evangelho de Mateus, apresentada a seguir, em que três criados recebem talentos de seu senhor e devem fazê-los render. Leia a parábola e depois continue a leitura do texto para compreender a aplicação do termo "talento" na vida profissional.

> "Um homem (...) ia para um outro país, e então reuniu os seus criados e emprestou-lhes dinheiro para ser empregado em seu nome, enquanto estivesse ausente. Entregou 5.000 moedas a um, 2.000 a outro e 1.000 ao último – dividindo em proporção à competência deles – e então partiu para sua viagem. O homem que recebeu 5.000 moedas começou imediatamente a comprar e vender com elas, e logo ganhou outras 5.000. O homem que tinha 2.000 moedas foi direto trabalhar também, e ganhou outras 2.000. Mas o homem que tinha recebido as 1.000 cavou um buraco no chão e escondeu o dinheiro, para guardá-lo em segurança. Depois de muito tempo, o patrão deles voltou da viagem e chamou os três para prestarem contas do dinheiro dele. O homem a quem ele havia dado as 5.000 moedas trouxe-lhe 10.000. O patrão elogiou o empregado pelo bom trabalho. 'Você foi fiel em negociar com esta pequena quantia', disse-lhe ele, 'portanto eu agora lhe darei maiores responsabilidades. Comece as tarefas agradáveis que eu deixei para você fazer.' Depois veio o homem que tinha recebido as 2.000 moedas, com esta informação: 'Patrão, o senhor me deu 2.000 moedas para usar, e eu dobrei a quantia.' 'Bom trabalho', disse seu patrão. 'Você é um empregado bom e fiel. Foi fiel com essa pequena quantia, portanto agora eu lhe darei muito mais.' Então o homem que tinha 1.000 moedas veio e disse: 'Patrão, eu sabia que o senhor era um homem cruel, e fiquei com medo que me roubassem o que eu ia ganhar; portanto, escondi o seu dinheiro na terra e aqui está ele!' Mas seu patrão respondeu: 'Empregado mau! Escravo preguiçoso! Já que sabia que eu ia exigir o lucro, você devia pelo menos ter posto meu dinheiro no banco, de maneira que eu pudesse ganhar algum juro. Tirem o dinheiro deste homem

> e dêem ao homem das 10.000 moedas. Porque ao homem que usa bem o que lhe dão, será dado mais, e terá grande quantidade. Mas do homem que é infiel, até mesmo a pouca responsabilidade que tem será tirada. E joguem o empregado inútil lá fora no escuro; ali haverá choro e ranger de dentes."
>
> Mateus 25:14-30.

Analisando esta parábola, observe, em primeiro lugar, que três pessoas receberam uma quantidade de talentos (moedas) de acordo com suas capacidades. Esta capacidade a que o texto se refere (no original grego, *dunamis*) tem o sentido de habilidade, "uma força herdada que reside em alguém pela virtude de sua natureza". A palavra grega *dunamis* também é a raiz da palavra dinâmico, ou seja, cada um recebeu a quantidade de talentos com a qual estava preparado para lidar, em função de suas características pessoais, de sua força, de sua habilidade e de seu dinamismo.

Se você notar bem, cada um deles reagiu de forma diferente à mesma situação. É neste instante que podemos ver o porquê de o senhor deles – neste caso, uma metáfora à pessoa de Deus – conceder quantidades de talentos diferentes a cada um. Aparentemente, podemos pensar que os dois que receberam 5 mil e 2 mil moedas estão em pé de igualdade, pois multiplicaram a mesma quantia que receberam. Mas, analisando melhor o texto, vemos que o primeiro, a quem foi confiada a maior quantidade de moedas, "começou imediatamente a comprar e vender" (no original grego, *ergazomai*, que significa "ganhar fazendo negócios"). Já com o segundo, que recebeu 2 mil moedas, a referência é que "ganhou" mais 2 mil, sem o texto fazer qualquer menção a que as tivesse negociado ou como as ganhou. Quanto ao terceiro, não precisamos falar muito. Sua atitude covarde e amedrontada, em nada proativa, justifica por si o fato de ele ter recebido apenas mil moedas, e não ter gerado qualquer coisa com elas.

Depois disso tudo, o fato mais intrigante ocorre no fim da parábola, quando Jesus diz que o senhor manda entregar as mil moedas que tinham sido escondidas pelo terceiro servo para o que tinha mais, no caso o primeiro servo, que tinha recebido 5 mil, e registra ainda que "ao homem que usa bem o que lhe dão, será dado mais, e terá grande quantidade. Mas do homem que é infiel, até mesmo a pouca responsabilidade que tem será tirada".

É dura e de aparentemente difícil compreensão esta passagem. Antes de um desfecho final para este tema, compreenda que a lição mais importante deste texto bíblico é o que você faz com os talentos que recebe. A sugestão que nos dá a parábola é a de que talento não é algo que se tem, mas que se recebe, como um dom natural. Algo que Deus colocou em cada um de nós para que usássemos no desenvolvimento de nossas competências, com excelência.

O talento, na verdade, deve ser entendido como uma capacitação que nos permite usar, de forma excepcional, as competências que cada um de nós tem ou adquire ao longo da vida, e assim gerar frutos ou resultados extraordinários. Todos nascemos com competências ou aptidões para certos tipos de trabalho ou atividade. Da mesma forma, podemos, ao longo de nossas vidas, através de nossos estudos e vivências, adquirir e desenvolver outras competências ou aptidões. São elas que nos fazem distintos dos outros e nos vocacionam para certas áreas profissionais.

Talentosa é a pessoa que consegue aplicar bem essas competências. Repare que existem pessoas sobre as quais fazemos a seguinte observação: "Ela não é talentosa, mas é muito esforçada." É como se o esforço não fosse suficiente para garantir um resultado extraordinário, que poderia ser alcançado se aquela pessoa tivesse talento para desenvolver a atividade em questão. Ou seja, ela tem competência para desenvolver a atividade, mas não tem, ou não usa, o talento para obter a excelência na execução das atividades e na obtenção dos resultados.

Por outro lado, há pessoas que têm talento para certa atividade, mas esquecem de se dedicar no desenvolvimento das competências necessárias, agindo com genialidade, mas com displicência, desperdiçando o talento recebido. Outras pessoas, por sua vez, preferem enterrar o talento que possuem, não produzindo nada, ou produzindo muito menos do que poderiam, tornando-se inimigos de seu próprio crescimento.

Finalmente, algumas preferem desenvolver competências para as quais não receberam talentos. Ora, você não tem talento para fazer tudo. Existem pessoas que insistem em se desenvolver numa área para a qual não receberam talento. Chegarão, no máximo, à competência, mas lhes faltará sempre o talento necessário para atingir a excelência.

Entendendo o talento sob este prisma, é mais fácil aceitar que quem tem mais talento acaba por receber mais oportunidades e ser mais exigido, sendo-lhe confiadas oportunidades que implicam responsabilidades maiores. No caso da parábola, o mais preparado recebeu 5 mil moedas, e não 2 mil ou 1 mil. E as recebeu porque existia nele a capacidade (*dunamis*) para multiplicá-las. É natural, então, pensarmos que, das pessoas que não usam ou não possuem talento para certa atividade, lhes é retirada até as oportunidades que têm, pois não conseguem multiplicá-las. Assim, elas próprias fecham as portas para seu crescimento, por cegueira ou por indolência e indisciplina.

E você, o que tem feito com os talentos que recebeu de Deus para desenvolver uma atividade? Tem colocado em prática e multiplicado resultados ou enterrou esses talentos, não alcançando resultados excelentes? Lembre-se de que o mercado lhe concederá oportunidades na mesma medida em que você usa os talentos que recebeu de Deus.

"A mais poderosa força no mundo dos negócios não é a ambição ou o medo, ou mesmo a energia bruta da competição desenfreada. A força mais poderosa nos negócios é o amor. Amar é promover, de forma abnegada, o crescimento do outro."

Tim Sanders

14

A Figueira

Você também nasceu para sofrer. Ainda bem!

Existem pessoas que se iludem, achando que podem viver em eternos estados de felicidade e prazer, como se a vida se resumisse a flores, jamais estiagem. O grande risco de viver assim é que essas pessoas não se preparam para os inevitáveis momentos de baixa, de invernos, quando as árvores estão sem folhagem, sem flores, quando são poucos ou quase nenhum os frutos, quando a atmosfera está sombria e as nuvens estão carregadas e pesadas. Muitas vezes, dependendo do local, este inverno significa vários dias sem sequer ver a luz do sol.

Você certamente já passou por situações e momentos emocionais deste tipo. Pois saiba que, da mesma forma que as árvores nasceram para enfrentar todas as estações do ano, nós, durante a vida, também passamos inevitavelmente por vários ciclos de queda, germinação, crescimento e colheita. Assim como as árvores enfrentam o rigor do inverno ou da seca (nas regiões mais áridas), nós também nascemos para sofrer o rigor das provações e desafios. E graças ao bom Deus por isso! Explico.

Simplesmente é impossível dar forma ao aço sem que o submetamos ao calor do fogo. Assim como jamais teríamos diamantes se o carvão não fosse submetido naturalmente às altas pressões. Borboletas não voariam se não tivessem de, com muito esforço e sofrimento, romper seus casulos. Você, como ser humano, é muito mais que animais, aço ou pedras preciosas. Você é a mais sublime e mais complexa obra de toda a criação.

No entanto, apesar de ter o mais engenhoso e perfeito sistema já imaginado, existe uma área de sua vida que nasceu imperfeita, e que precisa ser desenvolvida enquanto você estiver respirando sobre a face deste planeta. Esta área é seu coração. Não me refiro ao órgão físico, mas ao centro das emoções, dos sentimentos – o templo do amor, mas também do ódio. Salomão dizia, em Provérbios 4:23, que as emoções do coração "afetam toda a vida". Jesus, por sua vez, recomendou que amássemos ao Senhor nosso Deus de todo o nosso coração, assim como ao próximo como a nós mesmos. Mas Jesus também alertou, e está registrado em Mateus 15:19, que "do coração saem os maus pensamentos, os assassínios, o adultério, a fornicação, o roubo, a mentira e a calúnia". É exatamente por isso que ele afirmou: "Se as riquezas estiverem no céu, o seu coração também estará lá" (Mateus 6:21).

Ou seja, nosso coração pode repousar no mal ou no bem. E nossas ações, nossas falas e nossos pensamentos serão reflexos disto. Se você quiser considerar este coração a que me refiro como sua mente, tudo bem. Mas o fato é que repousa sobre você um grande questionamento emocional e existencial, e que quero lançá-lo agora: como você pode se transformar em uma pessoa cada vez melhor? Como você pode desenvolver um coração bom, solícito e generoso?

Em minha opinião, só existe uma resposta: amadurecendo-o através do sofrimento. Penso que se aperfeiçoa o coração quando o *amolecemos* pelo aprendizado do sofrimento. Mas não pense que estou defendendo a flagelação (açoitar-se, espancar-se). Isto é medieval e ignorante. Nada de sacrifícios estúpidos e desumanos, quase masoquistas, em que pessoas mutilam-se e justificam tais atos como uma suposta forma de aproximar-se da perfeição e de Deus.

Não é assim que se amadurece e se aperfeiçoa o coração. Na verdade, o sofrimento a que me refiro é aquele que a própria vida já nos reserva, sem que precisemos buscá-lo. É lógico que algumas pessoas colhem tempestades com sua insensatez. Mas falo de situações difíceis, que fogem ao nosso querer, da perda de entes queridos, de agressões morais recebidas injustamente de amigos ou familiares próximos, de doenças sem uma causa explicável, de um corte repentino e injusto no seu emprego porque o chefe tem uma preferência pessoal por um parente. São esses os invernos – ou *infernos* – da vida. São estações pelas quais você passa, e nas quais cabe a você decidir o que representarão para o seu crescimento como pessoa.

Uma coisa é certa: a estação, qualquer que seja, sempre passa. Ela é um período, um estado, e não uma constante. A questão principal é como você estará após esse período, essa estação. Certas árvores podem simplesmente não ser mais as mesmas, depois de passada a estação. Poderão ainda produzir frutos? Perderão ramos, galhos ou até parte do tronco? Raízes ficarão à mostra, sem mais poder conduzir os nutrientes?

Como estará seu coração depois de mais um inverno da vida? Apesar das cicatrizes, seu coração estará mais sensível ou endurecido e embrutecido pelo rancor e pela mágoa? Não se iluda: as árvores mais flexíveis e com raízes mais profundas são as que estão mais preparadas para os vendavais e as tempestades. Da mesma forma, os corações mais sensíveis (não entenda por fracos) e alicerçados (enraizados) em solo firme, na Rocha, são os mais preparados para as adversidades. Lembre-se de que flexibilidade é vida e rigidez é morte. Paulo dizia que, quando era fraco, aí é que era forte, porque sua força deixava de residir nele próprio e passava a residir no Senhor. O grande objetivo dos invernos da vida é deixar o seu coração mais sensível e tenro para amar, doar, servir.

Sem dúvida, esta é uma questão complexa demais para ser tratada em um único artigo. Porém, o mais importante é que, quando você sentir seu coração amolecendo, ficando mais tenro e sensível por causa da adversidade, não se preocupe, achando que está perdendo a batalha. Pelo contrário: é nesse instante que você estará mudando de estação, saindo do inverno e entrando na primavera. E é na primavera que nascem os ramos tenros, de onde surgem folhas e flores, e de onde brotarão os novos frutos de sua existência. Exatamente como ensinou Jesus, na parábola a seguir.

> "Ora, esta é uma lição tirada de uma figueira. Quando os brotos dela ficam macios e as folhas começam a crescer, vocês sabem que a primavera chegou."
>
> Marcos 13:28

Na primavera, os ramos nascem e ficam macios para que as folhas possam brotar. Elas não brotariam em galhos secos e duros. Assim como o amor jamais brotará em corações endurecidos pelo sofrimento. Se o seu coração estiver amolecendo por causa da adversidade, é natural que você chore, mas não se esqueça de sorrir. Na verdade, estará permitindo que comece a brotar os sentimentos de humildade que farão de você uma pessoa melhor, mais propensa a considerar os outros e suas necessidades, abrindo, assim, espaço para o amor.

Quando isto ocorrer, você estará dando mais um passo para ser alguém que, no tempo certo (verão), produzirá os frutos do amor. Frutos que farão a diferença em sua própria vida e nas vidas dos que o cercam. Não falo de qualquer fruto, mas de frutos bons, doces e suculentos. Frutos que fazem a diferença.

"O que seria pior que nascer sem enxergar? Helen Keller, uma mulher que foi cega e surda a vida inteira, respondeu assim: "A pessoa mais patética do mundo é aquela que enxerga, mas não tem visão."

15

O Grão de Mostarda

Feche os olhos e enxergue o invisível.

Não tem jeito: temos uma tendência enorme de julgar os outros pela aparência, pelo visível. Estamos sempre nos deixando levar pelo exterior. As pesquisas científicas no campo da psicologia mostram que, em menos de cinco segundos, formamos uma primeira impressão do outro – seja na hora de escolher funcionários, amigos ou amores. E é natural que as conseqüências sejam, muitas vezes, desastrosas. Ora nos decepcionamos porque esperávamos muito do que os olhos julgavam ser majestoso e pujante, ora nos surpreendemos porque o insignificante aos olhos torna-se esplêndido e viçoso. O problema, na verdade, está no fato de querermos discernir pessoas com os olhos físicos, quando, na verdade, teríamos de enxergá-las com os olhos da alma.

Jesus já tinha alertado os seus discípulos sobre este perigo quando mostrou que o grão de mostarda, semente pequena e insignificante, transforma-se na maior representante da espécie. Isto está na breve parábola registrada em Mateus.

> "O Reino dos Céus é como uma minúscula semente de mostarda plantada num campo. É a menor de todas as sementes, mas se torna a maior das plantas e cresce até ser uma árvore, onde as aves podem vir e encontrar abrigo."
>
> Mateus 13:31,32

Jesus deixou claro que, das coisas aparentemente menores e insignificantes, podem surgir grandes e valiosos resultados. Podemos também transportar isto para as pessoas, e tirar desta parábola uma lição valiosa: o verdadeiro valor de uma pessoa não está em seu exterior. Portanto, suas qualidades e potenciais não estão ao alcance da vista. O verdadeiro valor de uma pessoa está em seu interior, em sua mente e seu espírito. É neles que podemos encontrar as chamas da emoção e das virtudes, bem como os ingredientes do conhecimento para dar vazão e execução às grandes idéias.

Enxergar essas qualidades somente é possível com o uso dos olhos invisíveis da mente e do espírito. É aqui que reside a grande dificuldade da humanidade de hoje: conhecer e compreender pessoas através dos olhos da mente e do coração (espírito) exige contato profundo, aproximação, relacionamento. Ora, num mundo onde as pessoas estão cada vez mais individualistas e superficiais nos relacionamentos, é de se esperar que cada vez mais as percepções em relação ao outro sejam construídas a partir dos limites da visão física.

Isto é terrivelmente destrutivo para os relacionamentos e extremamente contraproducente para as empresas. Com esta postura, as pessoas ficam cada vez mais inclinadas a buscar as sementes grandes, douradas e polidas, sem se preocupar com seu real potencial, com os resultados futuros que essas sementes podem dar. Elas só podem ser conhecidas, muitas vezes, depois de plantadas, regadas e cuidadas. Mas quem vai querer correr o risco de investir tempo e esforço na plantação de sementes pequenas, ou de aparência ruim? O mundo é imediatista. Quer resultados instantâneos, seguros. Vivemos a ditadura do belo, da forma. Vivemos no mundo da etiqueta, das grifes, da identificação e da valorização do ser humano pelo "ter". Ou seja, se você tem, você é.

Mas deixe-me dizer uma coisa: se o mundo é assim, não significa dizer que você tem de agir da mesma forma. Você, a exemplo dos grandes líderes, terá mais chances de brilhar bem em seus relacionamentos, seja no trabalho ou em casa, se optar pela contracultura, se passar a ver contra-intuitivamente, em vez de seguir os clichês e modelos do mundo. Abraham Lincoln dizia que liderar é obter resultados extraordinários de pessoas absolutamente comuns. Mas como fazer isto sem conhecê-las, sem olhar para o seu interior e enxergar, contra-intuitivamente, o que os olhos físicos não alcançam?

Jack Welch, ex-CEO da GE, dizia que sua maior habilidade era estudar e conhecer a alma das pessoas. Mas como conhecer a alma das pessoas usando apenas os olhos físicos? Quando o povo judeu fez isto, há muito tempo, escolheu como rei o jovem Saul, por ser forte e alto. Saul envergonhou e decepcionou o seu povo e, principalmente, a Deus. Quando Golias, do exército filisteu, insultava o exército de Israel, quem se levantou para lutar contra o gigante? Um jovem rapaz, pastor de ovelhas, tão magro e pequeno que as armaduras de guerra que quiseram vestir nele ficaram *sambando* em seu corpo franzino. Seu nome era Davi, aquele que viria a ser o maior rei de Israel. E qual a vantagem dele em relação ao gigante adversário, que carregava espada e armadura, se ele somente carregava um pequeno saco com pedras e uma funda? Simples: a força e a competitividade de Davi não estavam onde os olhos podiam enxergar. Elas estavam em seu interior e se resumiam a duas palavras: fé e destreza. Armas que só o coração e a mente podem carregar, e que os olhos não podem enxergar.

Não pense que estou defendendo que somente encontraremos valor nos fracos, pequenos e de aparência desprezível. Absolutamente! Que fique claro: o verdadeiro valor de uma pessoa está em seu interior, e para conhecê-la verdadeiramente você precisará relacionar-se com ela. Precisará fechar os olhos e abrir a mente e o coração para ver e ouvir o que os olhos e os ouvidos não conseguem perceber. O valor de alguém independe de aspectos exteriores. Não é a embalagem que determina o real valor de um produto. Esteja certo de que os melhores perfumes podem estar em grandes ou pequenos frascos. mas você só poderá saber permitindo-se a chance de experimentar.

Pare de comprar pela embalagem, tornando-se escravo de sua limitada visão. Pare de olhar para a semente e olhe para a árvore que ainda nascerá. Cresça e busque enxergar nas pessoas o invisível. Seus relacionamentos, sua carreira e seu sucesso certamente agradecerão por isso.

"Obstinação é fundamental para se realizar as coisas. Mas não é tudo. É preciso também discernimento para fazer as escolhas corretas."

Fernando Henrique Cardoso

16

O Tesouro Escondido e a Pérola

Onde está o tesouro?

Que tal medirmos agora sua capacidade de caçar tesouros? Imagine-se na seguinte situação: você trabalha em uma empresa que atua fortemente na Bolsa de Valores. Num lance do acaso, ou de providência divina, você descobre que sua empresa está para anunciar ao mercado uma aliança estratégica celebrada com uma grande multinacional, e que resultará num incremento de, pelo menos, 50% no valor de suas ações, num prazo máximo de dez dias. Ou seja, você compra as ações hoje e daqui a dez dias poderá vendê-las por, no mínimo, 50% a mais do valor de compra.

Não, isto não é ficção. Coisas assim acontecem no mundo corporativo das grandes e médias empresas. E tudo absolutamente legal. Ou seja, você está diante de uma possibilidade real e concreta de aumentar em 50% seu patrimônio, um verdadeiro mapa do tesouro. Deixe-me fazer uma pergunta: você seria capaz de, num lance ousado, digno de um mestre das finanças, vender seu carro ou sua casa, usar parte ou toda a sua reserva para investir nesta operação?

É possível que você não tenha estômago para este tipo de jogada financeira, mas fique certo de que muita gente teria, e faria exatamente o sugerido pela situação acima. E se eu lhe disser que o próprio Senhor Jesus usou uma situação semelhante a essa, em uma de suas parábolas, para explicar a conquista do Reino dos Céus? Se você duvida, veja os dois textos a seguir. Depois a gente comenta sobre as lições que ela traz.

> "O Reino dos Céus é como um tesouro que um homem descobriu num campo. Na sua alegria, ele vendeu tudo quanto possuía, a fim de arranjar o dinheiro suficiente para comprar o campo – e conseguir o tesouro também! Ainda o Reino dos Céus é como um negociante de pérolas em busca de pérolas escolhidas. Ele descobriu uma pérola de grande valor e vendeu tudo o que tinha para adquiri-la!"
>
> Mateus 13:44-46

Nosso propósito nestes textos não é *teologizar*, mas apropriar as parábolas de Cristo para sua vida profissional. A situação apresentada no início do texto, e agora na parábola de Cristo, é simples: quando encontramos um tesouro realmente valioso, somos capazes de abrir mão temporariamente de muitas coisas, senão de tudo, para conquistá-lo. É lógico que fazemos isto na certeza quase absoluta de que a operação resultará em um patrimônio muito maior. Mas, de qualquer forma, a iniciativa exige a renúncia, mesmo que temporária, de bens e posses em benefício do tesouro almejado. Não pense que isto é fácil. São poucos, na verdade, os que conseguem fazê-lo.

Deixe-me fazer outra provocação. Se eu lhe dissesse que existe um tesouro que aumentará em muito seu potencial profissional, você seria capaz de fazer o mesmo que fizeram os protagonistas da parábola ou da situação imaginada logo no início deste capítulo? Ou seja, você faria de tudo para ir à busca desse tesouro, uma vez que ele resultaria no seu crescimento profissional? E o que você estaria disposto a vender ou renunciar para conquistar esse tesouro? Bem, vamos conversar um pouco sobre isto.

A primeira questão é a seguinte: onde está o seu tesouro profissional? Antes de responder, lembre-se de que tesouro é algo escondido, não exposto. Será que são os seus diplomas, um MBA, sua reserva financeira, seus imóveis, seu carro ou seus livros? Pois saiba que não. Seu tesouro profissional é absolutamente intangível, invisível. E está escondido no local de mais difícil acesso, exatamente para que fique bem guardado.

Muitas pessoas têm despendido grande energia em busca do tesouro que as fará profissionalmente ricas. Infelizmente, a grande maioria está procurando no lugar errado. Estão procurando este tesouro profissional nas universidades, nos cursos, nos livros e revistas. Na verdade, esse tesouro está mais próximo delas do que possam imaginar: está dentro delas! Repare: seu maior tesouro é sua capacidade de discernir sobre si mesmo.

Eu sei que, em vários lugares, pessoas ou livros podemos encontrar o conhecimento tão necessário para nosso crescimento. Mas de que adianta conhecimento sem sabedoria para usá-lo? E ser sábio não significa ter conhecimento. Sabedoria é estar pronto para usar com pertinência e bom-senso (discernimento) o conhecimento que se adquire. Conta-se que a provocação mais intrigante que o filósofo Sócrates recebeu em toda a sua vida, e que serviu de inspiração pelo restante de sua existência, foi feita pelo oráculo de Delfos, e resumia-se a esta frase: "Conhece-te a ti mesmo!" Sócrates, considerado por alguns como um filósofo pré-cristão, dizia (segundo Platão, uma vez que Sócrates nada escreveu) que sua sabedoria residia no fato de nada saber: "Só sei que nada sei!"

Salomão, algumas centenas de anos antes, em seu Livro de Provérbios, capítulo 20, versículo 5, disse: "Os pensamentos e emoções de um homem são profundos como um poço, mas o homem sábio é capaz de descobrir o que vai no coração de outra pessoa". O apóstolo Paulo, em sua primeira carta aos coríntios, capítulo 11, versículo 28, recomendava que, antes de tomar do pão e do vinho na ceia, a pessoa deveria examinar-se a si mesma. Ou seja, o homem deveria fazer um profundo mergulho em sua alma, em sua mente, para discernir (julgar, separar, provar) a respeito de si.

Pois é exatamente aí, em sua mente, em sua alma, que está o tesouro do autodiscernimento, fundamental para que você cresça profissionalmente. Só discernindo a si mesmo é que você poderá concluir que nada sabe e que precisa abrir-se para aprender mais com os outros, seja aos pés de alguém ou através dos livros. Só discernindo-se você se despojará do orgulho que o impede de aprender e crescer. Apenas se autodiscernindo você encontrará suas deficiências e suas virtudes e saberá quando está certo ou errado.

Jesus, no Evangelho de Mateus, capítulo 12, versículo 35, disse que "a palavra de um homem bom revela os ricos tesouros do seu íntimo. Um homem de mau coração está cheio de veneno, e sua palavra revela isso". Mas tal coisa só será possível com discernimento. O apóstolo Paulo, quando escreveu a primeira carta aos Tessalonicenses, capítulo 5, versículos 21 e 22, recomendou: "Ponham à prova tudo o que for dito, para terem a certeza de que é verdade, e se for, então aceitem. Afastem-se de toda espécie de mal."

Ora, esta capacidade de julgamento mencionada por Jesus e Paulo, e tão necessária para seu crescimento profissional, só será possível se você fizer uso do tesouro do autodiscernimento. Como você poderá julgar o que é bom ou ruim para si se não consegue saber quem você é? E saiba que este tesouro, o do autodiscernimento, foi dado por Deus a todas as pessoas, mas somente poucas conseguem achá-lo. Por quê? Porque, como sugere a parábola e a situação do início do texto, você teria de se dispor a pagar por este tesouro. E existe gente que não quer pagar o preço que o autodiscernimento requer para que seja conquistado.

Pergunto, finalmente: quanto você estaria disposto a pagar, e a que estaria disposto a renunciar, para conquistar o tesouro do bom senso, da capacidade de discernir para ser sábio? Deixe-me agora dizer a melhor parte: tudo que você precisa fazer para buscar e usar o tesouro do autodiscernimento é abrir mão de olhar para os outros como a causa de seus problemas e insucessos. O preço a ser pago é simplesmente inculcar em sua mente esta idéia: "Antes de buscar a culpa dos meus erros nos outros, vou olhar para dentro de mim e encontrar as razões para as minhas falhas, para meus fracassos. Vou parar de culpar o mundo e buscar em mim a resposta."

Por favor, faça tudo o que for necessário para achar este tesouro dentro de si. Seu crescimento profissional depende diretamente de sua capacidade de conhecer suas carências e virtudes. Lembre-se de que você jamais conseguirá encontrar a solução para si enquanto não identificar quais os seus problemas, suas demandas. Está disposto ou disposta a crescer? Então pague o preço e conquiste o tesouro do autodiscernimento.

"Idéias não se mantêm; alguma coisa precisa ser feita com elas."

Alfred North Whitehead

17

A Pesca

Aprenda a pescar as melhores idéias.

Segundo o famoso dicionário Webster de inglês, *brainstorming* é "uma técnica de grupo para solução de problemas, que envolve a contribuição espontânea de idéias de todos os membros do grupo". Fácil de entender, difícil demais de praticar, esta é a verdade. Mas você sabia que podemos aprender a fazer *brainstorming* com Jesus? Não, não é heresia. Basta um pouquinho de imaginação e você verá que a parábola a seguir é uma lição sublime de como devemos proceder na busca de boas idéias para a solução dos problemas de uma empresa, um clube, uma casa ou mesmo de nossas vidas. Leia e depois acompanhe a reflexão.

> "Ainda, o Reino dos Céus pode ser ilustrado por um pescador – ele lança a rede na água e junta peixes de todas as qualidades, bons e ruins. Quando a rede está cheia, ele a

> arrasta para a praia, senta-se e separa nos caixotes os que servem para comer, e joga fora os outros. É assim que será no fim do mundo – os anjos virão e separarão os ímpios dos piedosos."
>
> Mateus 13:47-49

Na analogia que vou propor, peço que você suponha que os peixes são as idéias, a rede é sua mente e os homens que sentaram e escolheram os peixes são seu discernimento.

1) Primeiramente, você precisa entender que a rede é um objeto furado, arejado, com uma trama que permite que os peixes sejam capturados. Assim também devem ser seus filtros mentais. Dependendo da malha que você definir para sua rede mental, você pegará idéias (peixes) grandes ou não. Mas você não pode se dar ao luxo de desperdiçar nenhuma idéia. Portanto, diferentemente da rede de pescador, na qual todas as malhas têm o mesmo tamanho, sua rede mental deve ser multidimensional, com espaços pequenos e grandes para pegar aquelas idéias que parecem pequenas, mas podem ter grande valor. Para entender isto, basta ver quanto custa o quilo de um peixe comum e o quilo de uma espécie ornamental. Outro aspecto é que a rede precisa estar aberta e estendida, para que funcione apropriadamente. Exatamente como deve estar sua mente (rede mental) na hora de buscar as idéias. É como dizia James Dewar: "O cérebro é como um pára-quedas: só funciona quando está aberto." Seu objetivo, nesta etapa do processo, é *capturar*. Lembre-se disto.

2) A hora da captura não é adequada para se fazer seleção. O nome já diz: captura. Portanto, com a rede mental aberta, esteja pronto para receber todo tipo de idéia (peixe). O momento de criticar ou julgar é outro. A razão é simples: se você começar a meter a mão na rede para tirar aqueles peixes (idéias) que você julga serem ruins, você espantará os outros peixes (idéias) que ainda estão por vir para a rede. Exatamente como acontece nas reuniões. Depois da primeira crítica, as mentes dos participantes do *brainstorming* começam a ficar inibidas, tímidas, algumas até amedrontadas. E não é isto que você quer,

certo? Outro aspecto que justifica deixar o julgamento para depois é o fato de os peixes ainda estarem dentro d´água, o que impede você de julgar com clareza, sem distorções. A água, muitas vezes turva por causa do ambiente carregado pelos efeitos do problema vivido, impede que você distinga se o peixe (idéia) é realmente bom ou não. Siga para a próxima etapa e veja o que fazer para começar a seleção.

3) Com a rede cheia – e somente com ela cheia –, é hora de deixar o momento de captura e começar o julgamento. Notou que o texto bíblico afirma que a) os homens levaram a rede cheia para a praia e b) sentaram para começar a seleção do que era bom e ruim? Pois bem, aprenda com isto! A rede precisa estar cheia porque, se ainda existe espaço nela para trazer mais peixes (idéias), por de desperdiçá-lo? Isto se chama produtividade, e também vale para quando se está produzindo idéias. Quanto à questão de ter de levar a rede para a praia, você não precisará deixar o ambiente físico onde está realizando o *brainstorming* para começar a seleção das boas idéias. Mas precisará levar sua rede mental para outra postura, ou seja, você precisará imergir agora em uma nova atitude. E qual seria ela? Veja no próximo passo.

4) Neste momento de seleção, a atitude é diferente de quando você estava capturando os peixes (idéias). Na hora que estamos pegando os peixes, o silêncio da crítica é fundamental para que os peixes continuem chegando próximo à rede. Mas na hora da seleção, o ambiente é de discussão mesmo. E não pode existir complacência. Nesta situação, o barulho das argumentações de pontos de vista distintos é bem-vindo. Mas jamais abra mão do bom senso na hora de julgar. A idéia (peixe) boa fica, a ruim é jogada fora, exatamente como sugere o texto da parábola. Mas por que jogar fora? Não dava para estocar, numa espécie de segunda lista de opções? Siga adiante e veja por que a resposta é "não".

5) Entenda: o *brainstorming* é um meio, uma ferramenta. O que você quer realmente é solucionar problemas utilizando-se de boas idéias. Idéias estocadas não são soluções, assim como peixe ruim não serve para comer ou comercializar. Isto porque nossos recursos são

limitados. No caso do pescador, ele tem cestos, uma geladeira, um carrinho e uma banca com tamanhos limitados, e por isso não pode vender todos os peixes, apenas os melhores. No seu caso, você não tem o tempo nem o recurso financeiro necessários para ficar testando e tentando todas as idéias. Por isso, precisa ser seletivo e usar somente aquelas idéias que julga adequada. Idéia escrita em relatório não gera solução. Soluções vêm a partir de idéias em execução. Portanto, para a rua com as idéias ruins.

Em resumo:

- Abra sua rede mental e pegue a maior quantidade possível de idéias;
- Quando estiver *capturando*, faça silêncio e não mexa na rede, para não espantar as outras idéias;
- Só com a rede cheia comece a fazer o julgamento das idéias boas e ruins;
- Quando estiver fazendo o julgamento, pode fazer barulho. Não seja complacente, mas não perca o bom senso;
- Aja sobre as idéias boas. E as idéias ruins... rua com elas!

É lógico que estes cinco passos não esgotam tudo que precisamos saber sobre *brainstorming*. Mas, certamente, já é um bom começo para você, ou sua empresa, não correr o risco de cair na rede do insucesso.

"Os dois fatores que mais nos influenciam são os livros que lemos e as pessoas com as quais convivemos."

Howard Hendricks

18

O Fermento

Você é um profissional do tipo farinha ou fermento?

Sem querer ser simplista, mas já sendo, na minha opinião, só existem dois tipos de profissionais no mundo: o *farinha* e o *fermento*. Em qual das duas categorias você se encontra? Antes de decifrar as características de cada um, veja a parábola abaixo, que servirá como base para compreendermos as características e funções de cada um deles.

> "Ele usou também este exemplo: O Reino dos Céus pode ser comparado a uma mulher que está fazendo pão. Ela toma uma medida de farinha e mistura com o fermento, até que ele penetre em todas as partes da massa."
>
> Mateus 13:33

A coisa é simples. Existem profissionais que mudam os ambientes que permeiam. Outros são mudados por eles. Eu sei que, do ponto de vista da Psicologia, todos sofremos influência do meio em que vivemos ou atuamos. Mas quero chamar sua atenção para o fato de que há pessoas – e são poucas – capazes de, com sua presença e seu comportamento, mudar um ambiente, seja para pior ou para melhor. Considerando a parábola acima, Jesus deixa claro que, por mais que se tentasse *esconder* um punhado de fermento em meio a uma quantidade de farinha, a farinha denunciaria a presença do fermento, pois iria reagir à sua presença.

Em quase todas as passagens da Bíblia alusivas ao fermento, encontramos este ingrediente associado à idéia de algo ruim, de pecado que "contamina" (leveda) toda a massa ou todo o ser humano. E esta idéia deve-se ao fato de que um pão sem fermento resiste muito mais tempo do que o pão fermentado. No caso específico desta parábola, Jesus compara o Reino dos Céus à farinha levedada. Uma vez que seria um absurdo imaginar Jesus comparando o seu Reino ao pecado (fermento), ele nos dá outra compreensão da ação deste ingrediente, e que tem tudo a ver com nossas vidas profissionais.

O princípio deixado por Jesus é de que existem elementos (fermento), os quais podemos chamar "agentes", que causam efeito em outros elementos, aos quais chamaremos "pacientes" (farinha). É óbvio que, no caso da parábola, os elementos combinam-se e reagem quimicamente, sendo impossível sua separação. Mas quem disse que na mente não ocorre a mesma coisa? Coloque uma pessoa do tipo "agente" (fermento) junto a uma pessoa do tipo "paciente" (farinha), e você verá que, depois de certo tempo, não conseguirá mais distinguir de quem são os pensamentos, uma vez que estarão as duas pensando muitas coisas em comum. O paciente terá sua mente *levedada*, positiva ou negativamente, pela presença e pela influência da ação do profissional agente.

Lembra-se da analogia dos profissionais "maçãs podres", que acabam apodrecendo toda a cesta? Ela é uma parte desta idéia maior, pois considera apenas a influência negativa que alguém pode exercer. E é lógico que não vou me ater a essa referência, mas ao fato de que, como fermento bom, você pode ser o agente de transformação de muitas pessoas a seu redor. E, assim como o fermento aumenta a massa, você pode, com sua influência, expandir as mentes e os corações dos que o cercam, levando-os a pensar melhor e mais alto, e sentir melhor e de forma mais profunda.

Outro aspecto interessante é que o efeito do agente não acaba no paciente direto. Pelo contrário, ele se multiplica. Tome um punhado de massa sem fermento e coloque-a junto de uma massa em fermentação. O que você verá é que toda a massa se fermentará, dando continuidade ao processo iniciado pelo agente. Ou seja, profissionais que são positivamente "contaminados" pela influência de colegas agentes são meios naturais e espontâneos para a propagação de boas coisas.

Portanto, não é para se desesperar caso você conclua que é farinha (paciente), pois, mesmo assim, terá condições de multiplicar o bem e influir positivamente, só que numa escala bem menor. Outro aspecto a considerar é que o fermento, por suas características mais transformadoras, é muito mais valioso, pois um pouco dele já faz toda a diferença. É como aqueles sábios que, com suas poucas palavras, têm o poder de transformar os homens e, por fim, a História. Lembra-se do "I have a dream", de Martin Luther King?

Se, a esta altura do campeonato, você já está fazendo associações entre o fermento e os líderes, fique certo de que seu pensamento está na direção correta. Só não caia na ilusão de achar que para ser fermento você precisa ter um posto (cargo) de liderança. Para ser um líder de fato, você não precisa do título de direito ou do cargo que impõe a autoridade. Você só precisa ter a capacidade própria dos elementos agentes: promover mudanças na estrutura (química, mental, social, espiritual) dos que o cercam.

E aí? Você é farinha ou fermento? Espero que, depois deste texto, sua cabeça e seu coração estejam fermentando!

"Ter uma conduta honesta é, antes de tudo, não culpar os outros por algo que está errado conosco."

Eric Hoffer

19

Vigilância

Sabia que sua principal função é a de vigiar?

Calma! Sem nenhum demérito aos que formam a classe, não estou comparando você a um vigilante de sua firma. Quero chamar sua atenção para outra coisa. Sei que você tem funções para com sua empresa, ou para com seu negócio (se você for autônomo). Mas responda-me uma coisa: quem ocupa a função de vigilante em sua vida? É isso mesmo: quem faz o papel de vigia de você mesmo? Os outros, seu chefe, seus colegas de trabalho, seus subordinados, seus amigos, seu cônjuge, seus filhos? Ou você é daqueles poucos profissionais no mundo que têm alta disciplina interior e conseguem guiar-se a si próprios?

Pois é sobre esta pessoa que quero falar: sobre o profissional vigilante. Antes disso, vamos beber um pouquinho na sabedoria do Mestre dos mestres para descobrirmos que a vigilância tem um significado que vai além da observação sobre os outros. Preste atenção a esta parábola a seguir.

> "Minha vinda pode ser comparada com a de um homem que foi de viagem para outro país. Ele distribuiu as tarefas dos seus empregados para fazerem enquanto estivesse fora; e mandou ao porteiro que ficasse vigiando a volta dele. Vigiem bem! Porque vocês não sabem quando Eu virei, se à tarde, à meia-noite, de madrugada ou pela manhã. Que vocês não sejam encontrados dormindo. Vigiem a minha volta! Esta é a minha ordem a vocês e a todos os demais."
>
> Marcos 13:34-37

Infelizmente, por conta dessa nossa mania de olhar primeiro para o umbigo dos outros, pensamos que a função de vigiar é somente externa. Se alguém nos dissesse, imperativamente: "Vigiai!", dificilmente nos lembraríamos de olhar para nós mesmos. Na verdade, imediatamente olharíamos para fora de nosso ser e perguntaríamos: "Vigiar quem ou o quê?" Ora, vigie a pessoa que mais perigo representa aos seus planos de sucesso: você!

Preste atenção: um dos grandes problemas daqueles que querem crescer está no fato de não perceberem que, na maioria das vezes, são displicentes em vigiar a si próprios. Olhando para a parábola apresentada, podemos precipitadamente acreditar que a recomendação dada por Jesus sobre a vigilância foi lançada apenas ao porteiro. Engano! Se você reparar no texto, verá que ele conclui assim: "Vigiem a minha volta! Esta é a minha ordem a vocês e a todos os demais." Na verdade, a expressão "mandou ao porteiro" é uma redundância de Jesus, pois é de se esperar que um porteiro já assuma naturalmente esta função.

Para ficar mais claro, mostro agora outra passagem de Jesus, emblemática, em que o Mestre, segundo o relato de Mateus, pede que os discípulos vigiem com ele, na sua hora final de agonia e dor, antes de ele se dirigir ao sacrifício da cruz: "Depois voltou aos três discípulos, e os encontrou dormindo. 'Pedro', chamou ele, 'vocês não puderam ficar acordados comigo nem mesmo uma hora? Fiquem atentos e orem. De outro modo, a tentação vencerá vocês.

Pois o espírito na verdade está disposto, mas como o corpo é fraco!" (Mateus 26:40,41).

Aparentemente, a primeira idéia que temos quando Jesus concita os três discípulos a vigiar é a de que deveriam ficar simplesmente acordados, em oração, prestando atenção ao que ocorria em volta deles. Só que, logo depois, Jesus faz uma revelação profunda, que vale totalmente para nossas vidas profissionais: "Fiquem atentos e orem. De outro modo, a tentação vencerá vocês." Ou seja, vigie-se, esteja alerta quanto a si mesmo, seja disciplinado e perseverante em seus propósitos para que não venha a tropeçar e ou cair. Porque as boas intenções, os projetos e os sonhos estão prontos, mas existe em você também uma força capaz de derrubá-lo ou desviá-lo de seus melhores e mais frutíferos caminhos profissionais. Por isso, vigie para que não venha a ceder em suas forças e fracasse.

O profissional que não é vigilante de si mesmo, que tem baixa ou nenhuma disciplina interior, mas só se limita a vigiar o que o cerca, é extremamente propenso a culpar os outros, o mundo e a sorte quando lhe ocorre algum contratempo. Ele acaba por errar duas vezes, pois a falta de vigilância é, muitas vezes, a causa do erro, e também a causa do diagnóstico equivocado sobre o erro. É simples: porque não vigia, o profissional displicente cai. E porque não vigia, ele pensa que alguém o derrubou, uma vez que estava dormindo ou olhando para os lados e não viu que foi ele mesmo que se jogou no chão. Culpa a pedra, culpa o buraco, culpa o poste, mas é incapaz de se culpar.

Isto ocorre pela falta de atenção e zelo em suas próprias atitudes mentais e conseqüentes decisões, ou seja, porque não vigia. Aí, fica aquele batalhão de gente, da mãe ao chefe, lembrando, incentivando, alertando, cobrando, puxando, batendo, acordando o indivíduo para ver se ele sai do atoleiro profissional e faz o que precisa ser feito, e não somente o que gosta ou deseja fazer. O diálogo é mais ou menos assim:

— Fulano, já fez aquele trabalho que é para entregar na sexta-feira?

— Mas, doutor, o senhor não disse que eu já podia começar.

— Mas, criatura, preciso dizer até isso a você?

— Ah, doutor, sou um funcionário extremamente disciplinado: só faço o que o chefe manda!

Enquanto isso, a mãe em casa se lamenta: "Oh, meu Deus, onde foi que errei?"

Por fim, se você não quiser dormir no ponto e estancar em sua carreira, simplesmente pare de olhar para o mundo e use sua parte boa para vigiar esta "coisinha ruim" que existe dentro de você, e que não sossega enquanto não o vir no chão. Como já disse Helen Keller, "quem nasceu para vencer e crescer não se conforma em rastejar!" Portanto, vigie!

"O diabo pode citar as Escrituras quando isso lhe convém."

William Shakespeare

20

O Bom Samaritano

Só cobre dos outros o que você já é.

Não são poucas as vezes nas quais ficamos extasiados ao ver pessoas que olham para onde também estamos olhando, mas conseguem enxergar coisas inimagináveis, que sempre estiveram lá, mas que fomos incapazes de perceber. Nesta reflexão, vamos exercitar essa habilidade. Vamos atentar para mais uma parábola de Jesus e perceber, juntos, o aparentemente inexpressivo.

> "Certo judeu que fazia uma viagem de Jerusalém para Jericó foi atacado por bandidos. Estes tiraram suas roupas e seu dinheiro, bateram nele e o deixaram caído meio morto ao lado da estrada. Por acaso, passou um sacerdote judaico; quando ele viu o homem caído ali, atravessou para o outro lado da estrada e passou de longe. Certo judeu ajudante do templo fez a mesma coisa; também deixou o homem caído

> ali. Porém veio um desprezado samaritano, e quando o viu, sentiu grande pena da vítima. Ajoelhando-se ao lado dele, o samaritano passou-lhe remédio nas feridas e fez curativos. Depois colocou o homem em seu jumento e foi andando ao lado dele até chegarem a uma hospedaria, onde cuidou dele durante a noite. No dia seguinte entregou ao dono da hospedaria duas moedas e lhe pediu que cuidasse do homem. 'Se a conta dele for além disso', disse ele, 'eu pagarei a diferença da próxima vez que passar por aqui.' Ora, qual destes três você diria que foi o semelhante da vítima dos bandidos?" O homem respondeu: "Aquele que mostrou alguma compaixão". Então Jesus disse: "Sim, agora vá e faça o mesmo."
>
> Lucas 10:30-37

Qual a primeira idéia que lhe viria à mente, se eu lhe perguntasse que lição poderíamos tirar desta parábola? Amor ao próximo? É bem provável que sim. E é verdade. Está evidente a mensagem de Jesus sobre a necessidade de amarmos incondicionalmente – tema que não renderia somente um capítulo, mas um livro inteiro. Mas não é sobre isto que vou tratar.

Quero que você agora olhe para a *insignificante* mas desconcertante e poderosa frase que Jesus proferiu no fim de seu diálogo com o doutor da lei: "Agora vá e faça o mesmo." A probabilidade é enorme de que o culto e sábio doutor da Lei estivesse esperando uma manifestação de aprovação e louvor por parte de Jesus pelo fato de ter dado uma resposta correta. Mas não foi isso que ele recebeu. Ouviu, sim, um alerta e uma advertência para que vivesse em coerência. Algo como: "Se já sabe o que tem de fazer, vá agora e coloque em prática!" E é exatamente aqui que está a grande lição desta parábola: agir em conformidade com o que pensamos.

Quantas vezes alguém (seu superior, um colega ou até mesmo um amigo ou familiar) já veio até você para passar lições de moral, exigindo posturas ou comportamentos, mas totalmente desprovidos de autoridade pelo fato de não praticarem, em suas vidas, o que exigem dos outros? Imagino que não foram poucas. O fato de alguém compreender e estar consciente sobre algum valor moral ou conduta profissional não o autoriza a cobrar a mesma postura de outro, a não ser que aquele que exige viva esta realidade.

A propósito, agir incoerentemente talvez seja a forma mais fácil de alguém perder a autoridade e o respeito diante dos outros. Exemplos: pais que repreendem as mentiras dos filhos, mas pedem a eles que digam que não estão em casa quando alguém liga; diretores de empresas que exigem cortes nos custos, mas não abrem mão de viagens e hotéis de primeira classe; chefes que cobram pontualidade, mas sempre têm uma resposta pronta para justificar os 15 minutos de atraso; colegas que pedem companheirismo e amabilidade no trabalho, mas *detonam* todas as suas raivas e traumas no contínuo, no servente ou no entregador de pizzas. E por aí vai. Não é à toa que vemos tão presente em nossa sociedade a máxima do "faça o que digo, mas não faça o que eu faço".

Infelizmente, muitos acreditam que a reputação de grandes profissionais será conquistada pelo que dizem. É um grande engano. A reputação de um grande profissional, e principalmente de um grande ser humano, é conquistada pelo que esta pessoa faz de bom, de certo, de positivo; e é conquistada também pela coerência entre suas condutas e suas crenças. O foco do hipócrita está em como vai ser visto, percebido, e não em como satisfará seus próprios valores. Ele está preocupado em atingir seus objetivos, mesmo que isto signifique ignorar sua própria condição. O apóstolo Paulo, quando escreve pela primeira vez a Timóteo, diz que os hipócritas falam mentiras porque têm suas mentes cauterizadas, ou seja, estão com suas mentes insensíveis, indiferentes, neutralizadas, anestesiadas quanto a sentir ou perceber suas próprias falhas.

Preste atenção na história a seguir, que ilustra bem qual deve ser nossa atitude sobre os conselhos e reprimendas que nos propomos a dar. Uma mãe levou seu filho a Gandhi e implorou: "Por favor, *mahatma*, diga a meu filho para deixar de comer açúcar." Gandhi fez uma pausa e disse: "Traga seu filho de volta daqui a duas semanas." Intrigada, a mulher agradeceu e disse que faria como ele ordenara. Duas semanas depois, ela voltou com o filho. Gandhi fitou os olhos do jovem e disse: "Pare de comer açúcar!" Agradecida, mas perplexa, a mulher perguntou: "Por que me pediu para trazê-lo em duas semanas? Poderia ter dito a mesma coisa antes." Gandhi replicou: "Há duas semanas, eu estava comendo açúcar."[1] Claríssimo, não é verdade?

E há mais: certa vez ouvi de um pregador a seguinte observação: "São três os maiores erros na vida de alguém. Primeiro, não saber e não perguntar. Isto é viver na ignorância. O segundo é saber e não compartilhar. Isto é egoísmo. O terceiro, e maior deles, é ensinar e não viver o que ensina. Isto é hipocrisia."

Portanto, na próxima vez que for repreender ou exigir algum tipo de postura de alguém, examine-se e veja se suas palavras refletem suas práticas. Se isto não acontece, é melhor se calar. Caso contrário, além de hipócrita, você passará por incoerente. E cada palavra dita será como uma pá de terra retirada da sepultura que você mesmo está criando para seu nome. Lembre-se das palavras de Jesus: "Agora vá e faça o mesmo." Ele não disse: vá e continue dizendo isso a outros.

---

1 Extraído do livro *O Caminho do Guerreiro Pacífico*, de Dan Millman (Editora Pensamento).

"Destino não é uma questão de chance, mas de escolha; não é algo pelo que esperamos, mas algo pelo que lutamos."

William Jennings Bryan

21

O Amigo Inoportuno

Quem não chora não mama.

Ao fim de minhas palestras, costumo presentear os participantes com um exemplar de meu livro *Por que eu não pensei nisso antes?* Falo um pouco sobre o livro, até porque, normalmente, levo alguns para vender. Em seguida, lanço para eles a seguinte provocação: "Bem, gente, agora vou sortear este livro... Eu vou sortear este livro... Bem, agora vou sortear este livro... Gente, estou dizendo que vou sortear este livro..."

Não pense que é loucura minha, ou que o CD está arranhado. É possível que você também esteja pensando a mesma coisa ou reagindo da mesma forma que a maioria dos que estão no auditório: "Vamos lá, começa logo este sorteio..."; "Ô, Paulo Angelim, vai ficar só nisso?" Quando menos esperam, surge de algum lugar na platéia uma afirmação cortante: "Paulo, dá ele para mim!" Pronto, imediatamente eu dou o livro e começam os resmungos e protestos:

"Mas você disse que ia sortear!" Sim, eu disse que ia sortear, mas não disse quais seriam os critérios. E esta é a lição que Jesus nos ensina na parábola registrada a seguir: não hesite, não espere: peça!

> "Suponhamos que à meia-noite você fosse à casa de um amigo, pedindo três pães emprestados. Você gritaria: 'Um amigo meu acaba de chegar para visitar-me e eu não tenho nada de comer para dar a ele.' Ele responde então do quarto: 'Por favor, não peça para eu me levantar. A porta já está trancada para passar a noite, e todos nós estamos na cama. Desta vez, infelizmente, não posso socorrer você.' Porém Eu digo isto – embora ele não o faça por ser seu amigo, se você continuar a bater bastante na porta, ele se levantará e lhe dará tudo quanto você quiser, só por causa da sua insistência. Assim é com a oração – continuem pedindo, que vocês receberão; continuem procurando, que vocês acharão; batam bastante, que a porta se abrirá. Todo aquele que pede, recebe; todos os que procuram, encontram; e a porta se abre a todo aquele que bate."
>
> Lucas 11:5-10

É simples! Muitas vezes, um profissional não galga patamares mais altos em sua carreira simplesmente porque não se dispõe a pedir, a pleitear. Ele pensa, reflete e toma consciência do problema que vivencia, mas não toma a iniciativa de pleitear. Isto pode acontecer por timidez, morbidez, medo da rejeição (baixa auto-estima) ou ainda por medo do constrangimento social (no grupo ao qual pertence), pois pode ser taxado de subversivo, reacionário, "do contra". Ou seja, este profissional prefere o ostracismo, a mediocridade, a enfrentar os riscos de defender suas causas, mesmo que elas sejam em prol de seu próprio crescimento (pode existir causa mais nobre?). O fato é que ele não pede, não luta e também não persevera. E porque não pede, não conquista.

Se você estiver pensando que, para ter uma atitude de pedinte, precisa passar por inoportuno, como o amigo da parábola, esqueça.

Esta foi apenas uma forma que Jesus encontrou de enfatizar a necessidade de expormos nossas demandas, mesmo que isto signifique importunar. Ele apenas usou um exemplo. É lógico que o Mestre não está recomendando que você seja inoportuno, mas que peça. Sem dúvida, o inoportuno pode até conseguir o que deseja, como Jesus sugere, mas pode perder o amigo, fechando a porta para o relacionamento. Por isso, existe o jeito certo (com respeito e clareza), a hora certa (o interlocutor tem de concordar em dialogar) e a causa certa (coerência e justiça) para pedir algo.

Mas, existe também outro tipo de profissional que até dialoga, argumenta, expõe, mas na hora de solicitar o que demanda, ele cala e espera que os outros reconheçam sua necessidade. Espera que os outros tomem a iniciativa. Ele diz: "As coisas estão difíceis... a situação está insustentável... estamos vivendo um dilema... estou passando por um problema..." E por aí vai. Mas, na hora de dizer "por isso eu solicito (demando, sugiro, peço ou até mesmo quero)...", simplesmente não sai, a voz trava. Ou seja, ele comove os outros com sua história, mas não a transforma num pedido formal e claro. Não é propositivo. Parece um vendedor que é exímio apresentador de produtos, mas fraco em fechamento, que não leva o cliente a uma decisão. Este profissional é um pedinte enrustido. Precisa, mas não assume, e acaba por permitir que o outro, que muitas vezes pode atendê-lo no pleito, apenas diga: "Que pena. Espero que as coisas se resolvam rápido para você. Conte comigo!"

Mas, pior ainda que o profissional passivo e apático em relação às suas causas, ou pior que o profissional que inicia e não finaliza seu pleito, é o profissional murmurador. Este é covarde porque, além de ser incapaz de apresentar seu pleito para quem de direito, ele ainda dissimula, reclama, julga ou calunia. Ou seja, faz um verdadeiro escarcéu no grupo, multiplicando e destilando veneno para todos os lados. Para este último profissional, só existem dois pedidos pertinentes. O primeiro é de advertência, e feito por mim: por favor, mude! O segundo é de decisão, e será feito por seu empregador: "Por favor, retire-se de nossa empresa!"

Você é capaz de lutar por suas demandas, pela satisfação de suas necessidades e carências? Depois de ler este capítulo, peço apenas uma coisa: peça! Porque quem pede, recebe; quem busca, acha; a quem bate, se abre. Tome uma atitude e aja. Seu sucesso agradece!

22

"Mas Ainda Não É o Fim"

Foram estas as palavras de Jesus quando alertava os discípulos sobre os sinais que antecederiam o fim dos tempos. Apropriando-me delas, também declaro a você que ainda não é chegada a hora de concluirmos este livro, apesar de já ter cumprido com a tarefa que me propus realizar: apresentar 21 reflexões sobre sua vida profissional a partir das lições e dos valores contidos nas parábolas de Jesus. Cabe ainda passar mais uma das grandes lições de Jesus, e que deve ser exercitada por todos nós: para alcançar a excelência, não basta fazer o que esperam de você. É preciso ir além e dar mais do que prometeu. E esta lição é encontrada em outra passagem do Mestre dos mestres.

> "Porém Eu digo: Não resista à violência! Se lhe baterem numa face, apresente a outra também. Se você for levado ao tribunal, e lhe tomarem a camisa, dê também a eles o

> casaco. Se um soldado exigir que você carregue a mochila dele por um quilômetro, carregue dois. Dê àqueles que lhe pedem, e não fuja daqueles que lhe querem tomar emprestado."
>
> Mateus 5:39-42

Assim, virando a página, você encontrará mais duas reflexões absolutamente pertinentes à sua jornada. Não pare agora. Se você acredita que os capítulos anteriores representaram grande significado para você, certamente se deleitará com mais essas duas grandes lições que Jesus ensina. Aproveite-as.

"Obstáculos são aquelas coisas horrendas que vemos quando tiramos nossa visão do objetivo."

Anônimo

23

Naufrágio

Suas vitórias dependem de para onde você olha.

Então Pedro gritou: "Senhor, se realmente é o Senhor, diga-me que eu vá caminhando por cima da água até onde o Senhor está". "Pois, não", disse o Senhor: "Venha!" Assim Pedro saiu do barco e caminhou por cima da água na direção de Jesus. Mas quando ele olhou em volta para as ondas altas, ficou cheio de pavor e começou a afundar. "Salve-me, Senhor!" gritou ele.

Mateus 14:28-30

É incrível quanto a Bíblia pode nos ensinar a crescer. Não falo de religião, falo de sabedoria verdadeira, sabedoria para a vida, antes e após a morte. Vendo o trecho acima, percebemos que, no momento em que Pedro parou de crer, de olhar para o alvo, para Jesus, e passou a notar a intensidade do vento e das ondas, começou a submergir por seu próprio medo.

Quantas vezes você afundou em seus planos por ter desviado sua visão do alvo, do objetivo, preferindo olhar para os obstáculos, para as dificuldades naturais que surgem em todo caminho? Você acha que um corredor, em uma prova de 100 metros rasos, olha para a torcida rival ou para a cara do adversário? Ele até as vê, não as ignora. Mas como sua visão (não seu olhar) está voltada para a linha de chegada, ele enxerga o prêmio, a conquista, a vitória.

É nisto que está sua inspiração, sua motivação. Diga: "Mesmo notando a existência de obstáculos em meu caminho, manterei minha visão nos meus objetivos, nos meus alvos, para que, assim, alcance a vitória."

"Amar a humanidade é fácil. Difícil é amar o próximo."

Henry Fonda

24

O Grande Mandamento

A pessoa mais importante de sua vida.

Você tem cinco segundos para responder a esta pergunta, sem hesitar: quem é a pessoa mais importante de sua vida? Não pense que é uma pergunta fácil de ser respondida. Quando faço esta pergunta em minhas palestras, a maioria aponta um avô ou uma avó, a mãe, o pai ou os filhos como as pessoas mais importantes de suas vidas. Penso que a resposta certa não é nenhuma dessas. Penso que o correto seria você responder que a pessoa mais importante de sua vida é você!

Sei que não é fácil aceitar esta idéia. Uma das primeiras coisas que nos surgem à mente é o egoísmo. Também pudera: fomos quase que adestrados a pensar em primeiro lugar nos outros, e não em nós mesmos. Lembre-se de que nossas mães e pais constantemente nos policiavam, dizendo: "Que coisa feia! Não seja egoísta. Você só pensa em você. Divida este brinquedo com seu irmãozinho (primo, amigo), e pense mais nos outros!"

Sim, em parte tinham razão em dizer isto, mas a maioria deles esqueceu de dizer que, em primeiro lugar, deveríamos pensar em nós mesmos, em nosso bem-estar, em nossa felicidade, em nossa segurança. Eu sei que este é um ponto polêmico. Já se imaginou chegando para sua mãe ou para seu filho ou filha e declarando, com seriedade, olho no olho, que a pessoa mais importante de sua vida não é nenhum deles, mas você mesmo? Como acha que eles reagiriam? Penso que a grande maioria deles ficaria chocada com esta revelação.

Até o fim deste texto quero desvendar este mistério para você. E tomo o desafio de tentar provar que amar você mesmo em primeiro lugar é totalmente compatível com amar o próximo. Ou seja, o fato de buscar em primeiro lugar a você não implica, necessariamente, que deva tornar-se uma pessoa egoísta, muito pelo contrário. Outro desafio, maior ainda, é mostrar que, no plano material, amar primeiro você mesmo é uma recomendação bíblica, feita pelo próprio Senhor Jesus. Duvida? Então leia o texto abaixo.

> "Senhor, qual é o mandamento mais importante nas leis de Moisés?" Jesus respondeu: "'Ame ao Senhor seu Deus de todo o seu coração, sua mente e sua alma.' Este é o primeiro e o maior mandamento. O segundo em importância é parecido: 'Ame ao seu semelhante tanto como ama a você mesmo'."
>
> Mateus 22:36-39

Muito bem. Pelo texto, está fora de questão para quem deve ser dirigido o nosso primeiro amor. A passagem é clara e a recomendação, imperativa (por isso se chama mandamento): que nosso primeiro amor deve ser dirigido a Deus, que está no plano espiritual. Mas, no plano terreno, a primeira impressão que se tem é que Jesus recomenda que nosso primeiro amor seja dirigido ao próximo. Não é verdade. Se você notar bem, verá que Jesus recomenda que o amor que devemos ter para com o próximo deve ser semelhante ao amor que devemos ter para conosco. Ou seja, o amor que você tem por si é que deve servir como referência para o amor que você deve desenvolver pelo outro.

Isto significa dizer que, não amando a si mesmo em primeiro lugar, você dificilmente terá a medida certa de amor para com os outros. Lembre-se de que outra recomendação de Jesus, diferente da que o mundo faz, é que você deve fazer ao outro aquilo que deseja que o outro lhe faça (Lucas 6:31). Ou seja, faça ao outro o que deseja para si. O mundo diz: "Não faça ao outro..." Jesus é proativo, e diz: "Faça."

É por isso que a repreensão, a crítica ou o ensino dos pais para com os filhos pode ser visto como expressão de amor, pois são atitudes que os pais gostariam que alguém assumisse para com eles mesmos, se estivessem passando pela mesma situação. Não estou aqui defendendo a violência física, longe de mim. Isso tudo deve ser exercitado através do diálogo.

Por outro lado, vemos muitas pessoas que agem subservientemente para com os filhos, chefes ou subordinados. Muitas vezes, isto demonstra falta de amor-próprio, pois esquecem que fazer tudo pelos outros pode ser não só nocivo para o outro como para si mesmo. Quando alguém se ama, pensa assim: "Nessa situação, o que eu gostaria que me fizessem?" Depois de refletir sobre esta questão, então age em conformidade com a conclusão à qual chega. E, às vezes, o melhor é negar, discordar. Só que com amor.

Sim, mas como fica o outro nesta história toda? Como faço para pensar primeiro em mim, sem deixar de contemplar o outro, como é a recomendação do texto bíblico? Simples: basta que você estabeleça o bem ao próximo, o amor ao próximo, como uma prioridade absoluta em sua vida. Assim, buscar o interesse, o bem-estar, a segurança ou a felicidade do outro será sempre uma ação que, na realidade, visa buscar sua própria satisfação.

Deixe-me dar um exemplo, tomando o caso de Madre Teresa de Calcutá. É indiscutível quanto aquela senhora se doou pelos outros. Mas não duvide que, no caso dela, como de tantos outros, ela assim o fez porque essa era uma prioridade absoluta que ela tinha estabelecido para sua própria vida. Assim, sempre que ela empreendia suas ações de luta pela causa do próximo, estava, na realidade, buscando em primeiro lugar a realização pessoal, a satisfação de uma demanda que ela havia criado para si. Por isso é que amava o próximo: porque isto era fruto do amor que tinha por si mesma – e por Deus, em primeira instância, é lógico.

Um exemplo corriqueiro. Se houver despressurização em uma cabine de avião, a recomendação é que você deve colocar a máscara de oxigênio primeiro em você, depois em uma criança ou numa pessoa idosa que esteja ao seu lado, mesmo que a criança seja seu filho e a pessoa idosa seja sua mãe ou seu pai. A lógica é simples: se você não estiver bem e preparado, não terá condições de ajudar o outro, e poderá colocar em risco a vida dos dois. Outro exemplo: você já tentou levantar alguém caído no chão? Qual é sua primeira ação? Se você pensou "estender a mão", errou. A primeira ação, inconsciente até, é buscar firmeza para seus pés. Assim, consegue levantar a pessoa caída. Primeiro você, para que assim possa pensar no outro. Está claro?

Você até pode questionar: "Mas, Paulo, por que existem pais que dariam a sua vida para salvar seus próprios filhos?" Pela mesma razão já explicada. O filho é um valor tão prioritário na vida desta pessoa que ela jamais aceitaria conviver com a idéia de que poderia ter salvado o filho e assim não o fez. Neste caso, colocar sua própria vida em favor de seu filho seria também um ato de amor a si próprio, de coerência com seus valores e de realização pessoal, por mais paradoxal que possa parecer.

Por fim, aqueles que, no plano material, deixam de amar a si mesmos em primeiro lugar acabam não trabalhando em prol de seu crescimento, ocupando-se tanto do interesse dos outros que esquecem de lutar por seus próprios interesses, pela defesa de seus valores, de seu credo. Mas não esqueça de colocar o interesse do outro como um dos valores basilares de sua conduta de vida. Caso contrário, você poderá ser visto como alguém egoísta, que somente pensa em si. Para resumir e descomplicar mais ainda, o negócio é o seguinte: faça do outro uma oportunidade para amar a si mesmo. Você verá que será muito mais fácil encontrar a felicidade e a realização pessoal. E que o Senhor o abençoe.

PARABÉNS!

Você acaba de ler mais um livro publicado por uma editora que faz diferença no mercado editorial.

Caso tenha algum comentário ou sugestão, escreva, citando o livro que leu, para:

EDITORA MUNDO CRISTÃO
Caixa Postal 21.257, CEP: 04602-970
São Paulo - SP

Este livro foi composto por Viviane Rosana Fernandes
Costa, em AGaramond, e impresso pela Imprensa
da Fé, em papel offset 75 g/m², com filmes
fornecidos pela Imprensa da Fé.